Tamina Kallert

Mit kleinem Gepäck

Wunderschöne Geschichten
vom Reisen

INHALT

PROLOG – SYLT IM WINTER

2004. Ich sitze in einer zweispännigen Pferdekutsche, um mich herum eine wunderschöne Dünenlandschaft. Ein zehnköpfiges Filmteam wuselt um mich herum, alle sind darauf bedacht, mich ins rechte Licht zu setzen. Sogar eine Maskenbildnerin ist dabei. Nur für mich. Ich komme mir vor wie eine Prinzessin. Es ist der erste Dreh der ersten »Wunderschön!«-Reise. Ich bin zwar schon ein alter Hase, was Fernsehen angeht, aber ich habe gerade wieder neu beim WDR angefangen. Während ich darauf warte, dass der Dreh beginnen kann, sage ich noch mal mein Sprüchlein vor mich hin: »Liebe Zuschauer! Herzlich willkommen auf Sylt …« Den Text kann ich im Schlaf, Auswendiglernen war schon in der Schule kein Problem für mich.

Und so lautet das Drehbuch: Tamina Kallert fährt, gemütlich eingemummelt in dicke Decken, in einer Pferdekutsche durch das winterliche Sylt. Gut gelaunt und Lebenslust versprühend lädt sie den Zuschauer ein, mit ihr auf Entdeckungsreise zu gehen. Ein toller Einstieg, der dem Zuschauer schon gleich zu Anfang der Sendung zeigen wird, worauf er sich freuen darf. Aber erst mal arbeiten alle noch konzentriert an dieser ersten Szene. Wie soll die Kameraführung sein? Natürlich soll das Meer zu sehen sein, aber auch die weiß bestäubten, winterlichen Dünen. Gar nicht so einfach! Dann muss das Licht stimmen, auf der Tonaufnahme dürfen keine Störgeräusche sein, die Kutsche muss exakt den besprochenen Weg fahren, nicht zu schnell und nicht zu langsam … Es ist ein Riesen-Bohei. Fast eine Stunde dauert es, bis das Team aufnahmebereit ist. Jetzt fehlt nur noch die fröhliche Moderatorin. Mein Part. In der Zwischenzeit ist mir trotz Decken ganz schön kalt geworden. Kein Problem. Das ist Teil des Jobs. Solange meine Zähne nicht klappern und ich deutlich zu verstehen bin, ist alles gut. Ausatmen. Die Kutsche setzt sich auf das Zeichen des Aufnahmeleiters hin in Bewegung. Tief einatmen, um genug Luft für meine Anmoderation zu haben. »Liebe Zuschauer! Herzlich willkommen auf Sylt ...« Beschwingt setze ich zu meinen Erklärungen an, warum Sylt im Winter etwas ganz Besonderes ist. Läuft gut, denke ich noch, da höre ich den Kameramann brüllen: »Haaalt! Stopp!«

Ein störender Poller ist ins Bild geraten. Also wird die Kamera noch einmal ein wenig umgesetzt. Alles zurück auf Anfang. Doch ein Pferdegespann kann schlecht rückwärtsfahren. Der Kutscher muss auf der extra abgesperrten Mole hundert Meter weiter vorne wenden, zurückfahren, noch mal wenden. Klapper-di-klapper-di-klapp machen die Hufe auf dem gefrorenen Boden. Jetzt sind wir wieder in der Ausgangsposition. Wieder laufen die Pferde los, ich atme ein, lächle und fange mit meinem Sprüchlein an. Wieder komme ich über den zweiten Satz nicht hinaus. »Haaalt! Stopp!« Ein Laster ist im Hintergrund durchs Bild gerumpelt. Mit einer Engelsgeduld fährt der Kutscher noch einmal eine Extrarunde.

»Liebe Zuschauer! Herzlich willkommen auf Sylt ...«

»Haaalt! Stopp!« Dieses Mal ist es einer der beiden Tontechniker. »Ich habe ein komisches Knacken auf dem Band, so können wir das nicht senden.«

Erneut werde ich bis zum Ende der Mole gefahren und wieder zurück. Ausgangsposition. Meine Zehen spüre ich schon lange nicht mehr. Doch der Zuschauer soll nicht merken, dass mir kalt ist. Denn meine Aufgabe im Team ist: Freude vermitteln. Das ist mein Anspruch. Und den nehme ich ernst. Mit Eisfüßen oder ohne. »Liebe Zuschauer! Herzlich willkommen auf Sylt …«

Beim vierten Mal geht alles gut: Die Pferde laufen brav, keine Möwe schreit, kein Auto hupt. Mein Text ist durch. Wunderbar, das war's, denke ich. Aber die Redakteurin ist anderer Meinung. Ich soll mich bitte doch noch mal anders hinten in die Kutsche setzen, damit die Kamera eine etwas andere Perspektive aufs Meer und die Dünen einfangen kann. Bevor es weitergeht, drängt sich die Maskenbildnerin nach vorne. Meine Nase ist knallrot angelaufen und ich brauche dringend ein Taschentuch. Mit geübten Handgriffen restauriert sie mich.

Mittlerweile bin ich völlig durchgefroren, trotz dicker Jacke, Schal und Kuscheldecke über meinen Knien. Jetzt was Heißes, das wär wunderbar! Ob meine eingefrorenen Mundwinkel erst auftauen müssen, bevor ich den Tee im Mund behalten kann? Wenn ich jetzt auf meine Jacke schlabbere und mich umziehen muss, würde es für alle nur noch länger dauern. Also lehne ich das Angebot der Maskenbildnerin, die fragend ihre Thermoskanne hochhält, dankend ab. Neue Runde. Konzentration. Mein Gesicht fühlt sich an wie gebotoxt. Vergiss die Kälte! Du willst den Zuschauern rüberbringen, wie toll Sylt im Winter ist. Und das ist es ja auch, wenn man nicht gerade zwei Stunden lang regungslos in einer offenen Kutsche hocken muss.

Erst beim fünften Mal ist die Szene endlich im Kasten. Aufnahmeleiter, Tontechniker, Beleuchter – alle sind zufrieden. Zwei Stunden Herumfeilen an einer Szene, die später im Film kaum 20 Sekunden dauert. Das ist Drehalltag. Wenn die Zuschauer später vor den Bildschirmen sitzen und mir zusehen, wie ich über das winterliche Sylt kutschiert werde, dann ist nicht sichtbar, wie viel harte Arbeit von vielen Menschen dahintersteckt. Genau das ist meine Motivation: Menschen eine tolle Zeit beim Zuschauen schenken und ihnen Lust aufs Reisen machen.

Mit steifen Beinen steige ich aus der Kutsche und komme mir ganz und gar nicht mehr vor wie eine Prinzessin. Eher wie der fast hundertjährige Prinz Philip. Ich habe nur noch einen Wunsch: Wärme! Der Aufnahmeleiter ruft in die Runde: »Umsetzen zum nächsten Drehort!« Aus der kleinen Aufwärmpause wird wohl nichts ...

Ich hab Eisfüße, eine rote Nase, vor Kälte tränende Augen – und den schönsten Job der Welt.

WELTOFFEN TROTZ INSELLAGE 1

»Drum, o Mensch, sei weise,
pack die Koffer und verreise!«
frei nach Wilhelm Busch (1832–1908)

Zugegeben, bei mir ist die Sache mit dem Reisen extrem. Seit über zwanzig Jahren bin ich reiselustig für das Fernsehen unterwegs und zeige meinen Zuschauern die Schönheiten der nahen und fernen Reiseziele. Es gab Zeiten, da war ich bis zu 200 Tage im Jahr von zu Hause fort. Auch heute heißt es noch oft: raus aus dem Flieger, Koffer neu packen, wieder los. Ganz am Anfang meinte eine Kollegin: »Das machst du keine zwei Jahre. Spätestens dann hast du die Nase voll.« Sie hatte unrecht. Meine Neugier auf die Welt ist immer noch da. So viele spannende Orte und großartige Landschaften, die ich noch entdecken will! Dabei muss es nicht immer das Ferne und Exotische sein. Deutschland zum Beispiel ist reich an wunderschönen Städten und Dörfern, Wäldern, Heiden, Mooren und Berglandschaften. Sogar zwei Meere haben wir. Hier bekommt die Seele, was sie braucht, Ruhe oder Inspiration. Neulich filmten wir im Paderborner Land – die von Wasserläufen und Seen durchzogene Landschaft war für mich eine Traumgegend. Wie so oft dachte ich: Wie wunderschön haben wir es hier bei uns! Wir hatten besonderes Glück mit dem Wetter und erlebten goldene Herbsttage. Vormittags hing noch Nebel über Feldern und Wiesen, während die Sonne immer kräftiger aus einem dunkelblauen Himmel herabstrahlte. Am dritten Drehtag machten wir uns mit kleiner Teambesetzung in der Morgendämmerung auf den Weg, dieses zauberhafte Naturschauspiel zu filmen. Als ein geeigneter Platz gefunden war, hatte ich nur den einen Wunsch: innehalten. Ich wollte nicht groß reden und erklären, sondern den wunderbaren Anblick genießen. Und tatsächlich beschlossen wir, einfach nur die Stimmung mit der Kamera einzufangen. Da stand ich, in eine dicke Strickwolljacke gehüllt und an ein Holzgatter gelehnt, und genoss den Blick auf die erwachende Nebellandschaft und die ersten wärmenden Sonnenstrahlen auf meinem Gesicht. Mir kam eines meiner Lieblingsgedichte in den Sinn, es stammt von Eduard Mörike:

»Im Nebel ruhet noch die Welt,
noch träumen Wald und Wiesen;
bald siehst du, wenn der Schleier fällt,
den blauen Himmel unverstellt,
herbstkräftig die gedämpfte Welt
in warmem Golde fließen.«

Was für ein unvergesslicher Augenblick! Das Glücksgefühl war genauso intensiv wie bei einer Dschungeltour in Sri Lanka oder einer Bootsfahrt in der Karibik. Meine Freude über die Schönheit der Welt war so groß – kaum auszuhalten!

Solche wunderbaren Augenblicke nehme ich nur dann wahr, wenn mich meine Neugier aus meinem Alltag entführt. Ein ungeheurer Reichtum kommt so in mein Leben. Aber noch bereichernder als die wunderbarsten Landschaften finde ich die Begegnungen mit Menschen. Wie leben sie? Was treibt sie an und worüber freuen sie sich? Und wie werden sie mit ihren Sorgen fertig? Ihre Antworten lassen mich immer wieder über meinen Tellerrand hinausschauen und geben mir ein Gefühl der Verbundenheit mit der ganzen Welt. Deshalb ist das wichtigste und reizvollste Reiseziel für mich persönlich immer der Mensch.

Einmal drehten wir für das Format »2 für 300« in Dublin. Der Plot dieser Reihe ist ganz einfach: Kameramann Uwe Irnsinger und ich haben 300 Euro zur Verfügung, um ein tolles Wochenende in einer spannenden Stadt zu verbringen und für vergleichsweise wenig Geld viel zu erleben. Überall, wo wir bis dahin waren – von Maastricht bis Mailand –, hatte das super geklappt. Aber ich muss sagen: Die Hauptstadt Irlands hat es uns nicht leicht gemacht, sie zu mögen. Es war grau, feucht und kalt und die Straßen schienen nur aus Baustellen zu bestehen. Alle hatten uns gesagt: »Dublin ist großartig! Da müsst ihr unbedingt mal hin!« Als wir endlich dort waren, fragten wir uns: Warum nur? Wir waren ziemlich ernüchtert, fast schon enttäuscht. Bis wir in diesen Pub kamen. Da wurde uns sofort klar, dass wir Dublin sozusagen auf dem falschen Fuß erwischt hatten. Es war später Nachmittag, aber im Pub war es knallvoll. Menschen aller Alters- und Berufsgruppen saßen und standen beieinander, in bunter Mischung. Der eine kam gerade aus der Uni, ein anderer hatte Feierabend, der dritte machte den Eindruck, dass er da immer sitzt. Und alle redeten wild durcheinander. Ob es beim Smalltalk bleibt oder sich ein tieferes Gespräch ergibt, darauf lässt man es hier in Irland einfach ankommen. Von der ersten Sekunde an waren wir mittendrin im Trubel. Die herzliche Atmosphäre war absolut ansteckend, selbst die etwas zurückhaltenderen Mitglieder unseres Fernsehteams kamen aus sich heraus. Und dann war da noch die Musik. Kaum hatte ich fallen lassen, dass ich Geige spiele, drückte mir auch schon der Chef – zack! – eine Fiedel in die Hand. Ein uraltes Teil, dem man ansah, dass es schon viel mitgemacht hatte, über und über mit Kolophonium verschmiert. Zu Hause hätte ich erst mal viel Zeit darauf verwendet, die Saiten zu stimmen. Hier aber war es völlig egal, ob die Töne etwas schräg rauskamen oder nicht. Hier ging es darum, ungezwungen und voller Lebenslust miteinander zu musizieren. Wir fühlten uns wie in einem Jungbrunnen: Müde und abgekämpft hatten wir den Pub betreten und innerhalb kürzester Zeit hatten wir leuchtende Augen und rote Backen und fühlten uns einfach nur pudelwohl. Und selbst Kameramann Uwe, der eigentlich gar kein Bier mag, war bester Dinge. Später am Abend mussten wir ins Hotel zurück, um den Ablauf des folgenden Tages zu besprechen. Da waren wir immer noch ganz beschwingt. Das ganze Team war der Meinung: Von diesem Lebensgefühl können wir uns echt was abschneiden.

Irland ist nicht weit weg von Deutschland und doch ist die Lebensart dort erfrischend anders. Erst im Kontrast wird klar, wie wir selber ticken. Auch diese Vergleichsmöglichkeit macht das Reisen so spannend. Dublin hat mir gezeigt, wie sehr wir oft in Schubladen denken und leben. Sich zu treffen ist hierzulande mittlerweile ja fast schon ein Staatsakt. Man verabredet sich umständlich Wochen im Voraus, damit bloß alles seinen festen Rahmen hat und man vor Überraschungen sicher ist. Aus demselben Grund gibt es wohl bei uns Ü30-Partys und beim Betriebsfest sitzen die verschiedenen Abteilungen oft in genau derselben Besetzung beieinander, wie sie es Tag für Tag auch im Büro tun. Den ganzen Abend lang. Kommst du neu in eine

Kneipe und traust dich, jemanden anzusprechen, dann steht auf dem Gesicht deines Gegenübers gleich geschrieben: »Wer bist *du* denn? Was soll das?« Ein echter Ire kann da nur den Kopf schütteln. Wenn er in den Pub geht, will er einfach nur das Leben und das Zusammensein feiern.

Also warum nicht mal ein bisschen offener und abenteuerlustiger sein? Es gibt da die bekannten Standardsituationen. Zum Beispiel, wenn du eine bestimmte Straße oder einfach nur das nächste Café suchst. Es wäre ganz einfach, irgendjemanden nach dem Weg zu fragen. Aber da ist eine Stimme in dir, die dir sagt: »Ach was! Das finde ich schon selber.« Man könnte fast meinen, Fragen wäre ein Zeichen von Schwäche. Übrigens: Mir scheinen Männer da besonders anfällig zu sein. Aber es geht doch gar nicht darum, um jeden Preis auf eigene Faust durchs Leben zu kommen! Ich finde es viel schöner, mit Menschen in Kontakt zu kommen, und sei es nur für eine halbe Minute. Eine unfreundliche Antwort habe ich selten erlebt. Ganz im Gegenteil! Selbst aus einer kurzen Begegnung können sich ganz neue Perspektiven eröffnen. Ich hab sogar schon wertvolle Geheimtipps bekommen. Zum Beispiel, als ich in Mailand in ein angesagtes Restaurant gehen wollte und ein Einheimischer mir sagte: »Ach, das ist doch nichts! Gehen Sie lieber dorthin, wo wir alle aus diesem Viertel hingehen. Das ist gleich da vorn um die Ecke.« So lernte ich in einer schrägen Trattoria die Mailänder Aperitivo-Kultur kennen. Es war ein Traum! Für fünf Euro bestellt man sich ein Getränk und darf sich dazu bei den kleinen Köstlichkeiten bedienen, die auf dem Tresen aufgereiht sind: Tramezzini, Mozzarella caprese, eingelegtes Gemüse und Oliven … Die superleckeren Antipasti können auch mal ein teures Abendessen ersetzen. Was für ein Glück, dass ich nach dem Weg gefragt hatte!

Die Offenheit der Menschen in Irland kann einen auch inspirieren, sich nicht immer mit festen Verabredungen abzusichern. Warum nicht einfach mal ohne Vorwarnung bei jemandem vorbeischneien? Mache ich auch viel zu selten. Bei uns ist das ja fast ein No-Go. Dabei muss es doch niemanden in Verlegenheit stürzen, wenn nicht aufgeräumt ist oder nichts Besonderes zum Essen im Haus ist. Die schönsten Nachmittage mit Freunden habe ich erlebt, wenn sie ungeplant waren. Und wenn der spontane Überfall mit einem »Oh schön! Ich freu mich, dass du da bist!« belohnt wurde.

Wer lieber in seiner Komfortzone bleibt, in der er sich auskennt und sich sicher fühlt, könnte einen hohen Preis für seine Bequemlichkeit zahlen. Meiner Erfahrung nach bauen diejenigen, die sich die Neugier abgewöhnt haben, schneller ab und werden umständlich. Im schlimmsten Fall werden sie sogar desinteressiert und abgestumpft. Dann heißt es nur noch: »Ach, das wird mir jetzt aber zu viel ... hab ich schon gesehen ... kenn ich schon ... was soll ich denn da ...« So eine Einstellung kann man in allen Altersgruppen finden. Auch Dreißigjährigen kann es zu viel sein, mal für zwei Stunden etwas mit ihren Nichten und Neffen zu unternehmen und so die Welt mit deren Augen zu sehen. Find ich schade!

Zum Glück geht's auch anders. Das beste Mittel gegen Verknöcherung ist das Reisen. Da kann erst gar kein Rost ansetzen! Ich weiß, Hermann Hesse wird so oft zitiert, dass so mancher ihn »die Helene Fischer der deutschen Literatur« nennt. Es stimmt – man begegnet seinen Sätzen überall, als Kalenderspruch, auf Postkarten, als Kaffeetassenaufdruck ... Es könnte einem fast schon zu viel werden. Ich find Hermann Hesse trotzdem toll. Gerade in dem Gedicht, das wohl am häufigsten rauf- und runtergebetet wird, den »Stufen«, gibt es folgende Zeilen:

»Kaum sind wir heimisch einem Lebenskreise
Und traulich eingewohnt, so droht Erschlaffen,
Nur wer bereit zu Aufbruch ist und Reise,
Mag lähmender Gewöhnung sich entraffen.«

Ich weiß, das ist jetzt schon das zweite Gedicht in diesem Kapitel. Aber Gedichte sind nun mal ein wichtiger Teil meines Lebens. Genauso wie Musik. Und manchmal passen die Worte eines klugen Menschen so gut ins Leben, dass ich sie einfach zitieren muss.

Meine Großtante Irmgard ist Kronzeugin dafür, dass Hermann Hesse recht hat. Eine tolle Frau! Es ging schon in ihrer Jugend unorthodox los. Ihr Vater war Schuldirektor und so kam es, dass sie, zusammen mit ihrer Freundin, als einzige Mädchen in einem Jungengymnasium unterrichtet wurden. Eigentlich wollte sie nach dem Abitur Medizin studieren, doch hielt selbst ihre recht fortschrittliche Familie diesen Lebensplan für eine junge Frau damals noch für zu gewagt. Sie wurde medizinisch-technische Assistentin und heiratete einen Künstler, der leider früh verstarb. Da war meine Großtante gerade mal Anfang vierzig. In dieser Lebenskrise begann sie zu reisen. Mehrere Male war sie für längere Zeit in Ländern wie Äthiopien und

Kenia, wo sie in ihrem Beruf arbeitete. Es waren die Fünfziger- und Sechzigerjahre, und eine Frau alleine in der Fremde, das war geradezu ungehörig. Doch meine Großtante wagte es. Ihre Reisen haben sie in vielerlei Hinsicht geprägt. Da war natürlich ihre humanitäre Arbeit, die ihrem Leben einen besonderen Sinn gab. Sie war aber auch aus zwei weiteren Gründen ein sehr zufriedener Mensch. Sie empfand große Dankbarkeit für all die Möglichkeiten, die wir hier in Deutschland haben. Und sie hat ihre Neugier ihr Leben lang nicht verloren. Aus der Familie wunderte sich niemand, als sie mit siebzig ein Theologiestudium begann. Und wieder bewies sie ihre Offenheit: Statt mit der Handvoll anderer Senioren im Semester ein abgegrenztes Grüppchen zu bilden, ließ sich meine Großtante den Kontakt mit den jungen Menschen nicht nehmen. Ich erinnere mich noch gut an ihren achtzigsten Geburtstag. Das Alter ihrer Gäste war bunt gemischt, von Mitte zwanzig bis weit über achtzig. Alle sind gern gekommen und haben sich inspiriert miteinander unterhalten. Ist das nicht wunderbar? Für meine Großtante gab es einfach keine unüberwindlichen Grenzen – weder zwischen dem, was man tut und nicht tut, noch zwischen Kulturen und auch nicht zwischen Generationen.

Reisen geht mit Offenheit und Spontaneität Hand in Hand. Wer aufnahmefähig und neugierig ist, der hat auch Lust auf neue Erfahrungen, und wer viel reist, bleibt ein Leben lang neugierig. Aber man muss nicht gleich auf eigene Faust nach Äthiopien fahren, um für Lebenslust und nie nachlassende Neugier zu sorgen. Eine Tagestour in die Umgebung kann schon Wunder wirken. Nur *eine* Sache scheint mir am Reisen wirklich schwierig zu sein: der erste Schritt. Selbst nach so vielen Jahren und so vielen tollen Reiseerlebnissen muss auch ich mich immer noch ein wenig überwinden, mich in ein neues Abenteuer zu stürzen. Wenn ich wieder einmal meine Koffer packe, hab ich eigentlich überhaupt keine Lust, mich am nächsten Tag von meinem Mann Nik und meinen beiden Kindern zu verabschieden. Und ich will auch nicht mein schönes Zuhause verlassen. Ich könnte es so gut haben! Gemütlich daheim bei meiner Familie sein, mich mit Freunden treffen oder einfach bei einer Tasse Kaffee ein Buch lesen. Stattdessen setze ich mich wie so oft einer neuen Umgebung, neuen Hotels, neuen Menschen aus, auf die ich mich einstellen muss. Manchmal frage ich mich: Warum tue ich mir das eigentlich an?

Die Kuschelecke auf meinem Sofa wird wohl nie ihre magnetische Anziehungskraft verlieren. Aber ich weiß ja, dass es nur den kleinen Ruck zu Beginn der Reise braucht, und schon ist die Aufbruchsstimmung da und die Welt steht mir wieder offen. Nie habe ich eine Reise im Nachhinein bereut. Das ist wie beim Sport. Jedes Mal wieder meldet sich der innere Schweinehund. »Ach, lass uns doch einfach hierbleiben …« Kennt jeder, stimmt's? Und jeder weiß auch, dass das energiegeladene und zufriedene Gefühl nach einer Stunde Workout kaum zu toppen ist. Ich habe nie gehört, dass jemand nach dem Sport in der Umkleidekabine sagte: »Na, das hätte ich mir sparen können!«

Reisen lohnt sich, denn es bereichert das Leben. Immer. Deshalb kann mein Rat nur lauten: Geh los! Erlebe was! Schau dir andere Länder und Sitten an und überlege, von wem du dir etwas abschauen willst. Manchmal aber erlauben es die Lebensumstände nicht, andere Länder zu erkunden. Kein Problem, es gibt auch eine andere Möglichkeit, einer ungeheuren Vielfalt zu begegnen: Du lädst die Welt zu dir nach Hause ein. So ein weltoffener Mensch ist Silke. Ich habe sie auf der kleinen Nordseeinsel Pellworm erlebt. Hier wohnen gerade mal tausend Menschen, jeder kennt jeden. Schon in die nächste größere Stadt zu fahren ist ganz schön umständlich. Silke ist Biologin, hat vier Kinder und vermietet auf ihrem Hof Ferienwohnungen. Da kommt sie kaum zum Reisen. Scheinbar beste Voraussetzungen also, aus dem täglichen Trott nicht mehr herauszukommen. Trotzdem ist sie mit der ganzen Welt verknüpft. Dafür sorgen schon allein all die Gäste, die sie herzlich auf ihrem Hof begrüßt und auf deren Geschichten sie – im positiven Sinne – neugierig ist. Als ich sie kennenlernte, war ihr Sohn ein paar Tage zuvor nach einem Jahr als Austauschschüler aus Amerika zurückgekommen. Und eine ihrer Töchter war gerade in Irland. Im Gegenzug hatte Silkes Familie ein siebzehnjähriges Mädchen aus Norwegen mit thailändischen Wurzeln für ein paar Monate aufgenommen. In den ersten beiden Wochen war es ganz verzweifelt gewesen, doch dann hatte sie ihren Inselkoller überwunden und war zu einem richtigen Familienmitglied geworden. Weil Silke aktiv für einen ständigen Austausch sorgt, ermöglicht sie für sich und ihre ganze Familie großartige Erfahrungen. Nach den Dreharbeiten trafen wir uns zufällig noch einmal auf der Fähre zurück aufs Festland. Das norwegische Mädchen fuhr wieder nach Hause und die Familie begleitete es auf seiner mehrstündigen Fahrt zum nächsten Flughafen; so innig war das Verhältnis geworden. Bei dieser Mutter hat mich das überhaupt nicht gewundert.

Ich glaube, die Neugier auf die Welt macht das Leben größer. Je mehr du wahrnimmst und ein Auge für die kleinen Dinge am Wegesrand hast, desto mehr Denkanstöße bereichern dich. Ich bin froh, dass ich das Hinschauen schon früh gelernt habe, von meinen Eltern und auch in der Waldorfschule. Hier wird ganz besonders darauf geachtet, dass die Schüler mitbekommen, was in ihnen und um sie herum so stattfindet. Die enge Anbindung der Lernthemen an die Jahreszeiten und Jahreszeitenfeste ist nur *ein* Beispiel dafür, wie wir Kinder die ungeheure Vielfalt der Welt erleben durften. Dass wir so gleichzeitig auch an einen tiefen Respekt vor der Schöpfung herangeführt wurden, das spüre ich noch heute. Die Neugier und Offenheit, zu der ich in meiner Jugend angehalten wurde, trägt sicher viel zu meiner positiven Sichtweise im Leben bei.

Mit einer besonderen Fähigkeit der Wahrnehmung hat auch die nächste kleine Szene zu tun, von der ich berichten will. Wir waren zu Dreharbeiten in Stockholm. Eine bezaubernde Stadt! In der Städtereisen-Reihe ist es uns besonders wichtig, nicht nur die Klassiker abzufilmen, sondern ein authentisches Gefühl für die Stadt zu bekommen. Deshalb hatte die Autorin der Sendung wie immer im Vorfeld gut recherchiert, welche ausgefallenen Sehenswürdigkeiten für die Zuschauer interessant sein könnten. Ihr Ablaufplan sorgt für den nötigen Rahmen. Aber er lässt Kameramann Uwe und mir auch genügend Luft, um selbst zu entdecken und die Leute, die wir treffen, nach verrückten Attraktionen zu fragen, die in keinem Reiseführer stehen. Wenn sich der Geheimtipp vielversprechend anhört, gehen wir da auch hin. Außerdem achten wir vor Ort darauf, dass typische Impressionen, die

die Stadt charakterisieren, nicht fehlen. Dann sagt Uwe: »Jetzt haben wir jede Menge interessante Gespräche. Ich mache jetzt noch ein paar Stimmungsbilder.« Die alte Brücke im Morgenlicht zum Beispiel oder das Kopfsteinpflaster aus der Froschperspektive, nur mit authentischen Naturgeräuschen. »Wie wär's denn noch mit ein bisschen Atmo?« ergänzt der Tonkollege. Atmo ist die Kurzform für Atmosphäre, gemeint ist die pure Geräuschkulisse, in die niemand von uns reinquatscht. Oder ich sage: »Wir brauchen jetzt auch mal eine Oase zum Luftholen!« Dann finden wir ein kleines grünes Fleckchen, wo das Auge ausruhen kann – das kann auch mal ein alter Friedhof sein. So tragen wir alle dazu bei, die Sendung interessant und stimmig zu machen.

Wenn am Ende der Beitrag fertig geschnitten ist, dann ist er das Ergebnis sowohl von gewissenhafter Vorbereitung als auch spontanen Einfällen. Es ist wie so oft im Leben: Wenn es ganz leicht aussieht, steckt eine Riesenarbeit dahinter. Sieht der Zuschauer den fertigen Film im Fernsehen, könnte er glatt den Eindruck haben, die Tamina wäre mal eben total zufällig durch die Gegend gestolpert.

Das Spannungsfeld aus guter Vorbereitung und dem Wunsch, spontan sein zu dürfen, bestimmt das Vorgehen der Redaktion und auch meine Arbeit. Einerseits möchte ich natürlich wissen, was auf mich zukommt. Also informiere ich mich zu Hause am Schreibtisch über die Reisegegend, manchmal arbeite ich auch sogar schon Moderationen aus. Ich darf die Vorarbeiten aber auch nicht übertreiben. Denn zu viel angesammeltes Wissen behindert den unvoreingenommenen Zugang. Ich bin ja keine Schauspielerin, die eine Rolle spielt. Überraschte Freude über »unerwartete« Entdeckungen und Genüsse zu heucheln – für mich ist das nichts. Mein Job ist es, neben den Infos ganz persönlich und authentisch mit allen Sinnen Stimmungen und Gefühle zu vermitteln: Wie riecht und schmeckt es, wie fühlt es sich an?

Zurück nach Schweden. Wir waren auf dem Weg von einem Aufnahmeort zum nächsten. Zu Fuß, denn die Entfernungen in der Stockholmer Altstadt sind ja überschaubar. Britta, die Autorin hatte mir mit Absicht nichts über den nächsten geplanten Stopp mitgeteilt. Sie sagte nur: »Wir gehen jetzt mal dort drüben weiter, vielleicht fällt dir was auf.« Bald kamen wir an einer lärmenden und staubigen Baustelle vorbei. Der Bauzaun verengte den Weg und gerade an der schmalsten Stelle standen vor einem winzig kleinen Restaurant liebevoll dekorierte Tische und Bänke auf der Straße, die zum Verweilen einluden. Sogar der Bauzaun war geschmückt und in das Gesamtarrangement mit einbezogen. Diese wunderbare Einladung zauberte uns allen sofort ein Lächeln ins Gesicht. Mein Herz schlug höher. »Guck mal, Uwe! Das sieht ja richtig fröhlich aus!« Und Uwe antwortete: »Na, dann lass uns mal reinschauen.« So geht das oft mit uns beiden.

Im Laden wurden den Gästen hausgemachte Spezialitäten angeboten. Unglaublich kreativ belegtes Smörrebröd gab es, so dicht belegt, dass man das Brot darunter gar nicht mehr sehen konnte. Alles war individuell und schräg, unglaublich bunt, die Wände geradezu tapeziert mit farbenfrohen Bildern. Überall Blumen und gemütliche Kissen. Eine so warme, freundliche Atmosphäre! Herrlich!

Die Autorin und ich hatten für den WDR schon viele Städtereisen zusammen gemacht. So ein Dreh schweißt zusammen, denn er bedeutet, dass man zu fünft – außer uns beiden sind noch Kameramann Uwe, Tonmann und Assistentin dabei – jeweils vier Tage lang unterwegs ist. Dreharbeiten sind eben sehr aufwendig, auch nach zwanzig Jahren denke ich manchmal: »Mein Gott, das *dauert* hier ja wieder …« Nur die allerbesten Szenen schaffen es in den fertigen Film. Er ist dann so geschnitten, dass es so aussieht, als wären nur Uwe und ich in der Stadt gewesen, und das auch für nur zwei Tage. Vier Tage lang ist das kleine Team rund um die Uhr zusammen, diskutiert, wie man das Wesentliche am besten sichtbar machen kann, ringt um den richtigen Zugang – da bekommt man schnell heraus, wie die anderen ticken.

Als mich die Autorin die kleine Stockholmer Gasse entlangschickte, hatte sie sich also schon gedacht, dass ich sofort auf den kleinen Laden anspringen würde. Eines war aber unvorhergesehen: Als sie und die Betreiberin des Restaurants im Vorfeld das Treffen abgesprochen hatten, wusste niemand, dass es gerade zum Drehtermin eine große Baustelle geben würde. Katastrophe! Doch die Ladenbesitzerin hatte das Beste aus der Situation gemacht, anstatt zu lamentieren und sich zu ärgern, dass all die potenziellen Kunden vorbeihasten und die Dreharbeiten wohl ins Wasser fallen würden. Nicht die Baustelle hatte sich des Restaurants, sondern das Restaurant hatte sich der Baustelle bemächtigt. Hässlicher Zaun und Baulärm waren kein Thema mehr. Als ich die Gäste fragte, warum niemand draußen an den Tischen sitzt, lachten sie nur. »Es ist noch zu kühl!« Und die Baustelle? »Welche Baustelle?«

Wenn mir mal wieder was Blödes widerfährt, denke ich gerne an diese positive Perspektive der Restaurantbesitzerin. Das kleine Erlebnis in Stockholm hat mich darin bestärkt, dass ich mich nicht ärgern, sondern lieber mit offenem Blick die Möglichkeiten, die sich mir bieten, wahrnehmen und ergreifen will. Ich weiß: Das ist leichter gesagt als getan …

Bei mir ist das so: Jede Begegnung bereichert mein Leben. Sie vergrößert das Spielfeld, auf dem ich mich im Leben bewege. Einige der intensivsten und lehrreichsten Momente hatte ich bei Dreharbeiten in Südafrika. Meine Vorfreude war groß auf dieses tolle Land mit seinen faszinierenden Städten, die sich den Touristen problemlos erschließen, und seiner großartigen Natur drum herum. Und das alles ohne Jetlag! Dieses wunderbare Land stellte unser Team allerdings auch vor eine fast unlösbare Aufgabe: Wie sollen wir seine unglaubliche Vielfalt denn nur in 90 Minuten Sendezeit packen? Wir wollten möglichst nah an das wahre Leben ran. Also nicht nur traumhafte Strände, Tafelberg und bunte Märkte zeigen, sondern auch den Alltag der Einheimischen. Die Entscheidung war schon in Deutschland gefallen: Wir würden auch in einem der vielen Slums rund um Kapstadt drehen. Ich fand die Entscheidung völlig richtig.

Als ich dann aber zusammen mit dem Drehteam im Minivan auf der Fahrt in den Slum saß, merkte ich erstaunt, dass sich in mir Berührungsängste breitmachten. Die kenne ich sonst gar nicht. Den Blick aus dem klimatisierten Auto hinaus auf die immer ärmlicher werdenden Straßen fand ich sehr irritierend. Als wir dann ausstiegen, wurde meine

Unsicherheit nur noch größer. Nach den gefühlten minus 15 Grad des Vans haute mich nicht nur die glühende Hitze der staubigen Straße um, sondern auch die Intensität meiner Emotionen. Der Kontrast zwischen der Hotel-Welt, aus der wir kamen, und der Lebenswirklichkeit der Menschen hier im Slum war kaum auszuhalten. *Gewusst* habe ich das natürlich auch vorher schon, aber es persönlich hautnah zu erfahren ist dann doch etwas ganz anderes. Das Letzte, was ich wollte, war eine Situation wie im Zoo. Ein bisschen Sightseeing durch ein Armutsviertel und dann zurück ins Hotel ans Büffet? Grausliche Vorstellung! Andererseits konnten wir doch nicht so tun, als gäbe es in Südafrika nur Sonne, Strand und eine fantastische Tierwelt. Ich war absolut ratlos, wie ich meinen Part hier mit Respekt über die Bühne bringen sollte.

Was war los mit mir? Mein Kopf war voller Bilder: die Schrecken der Apartheid, die immer noch große Kluft zwischen Arm und Reich. Dazu kam ein Gefühl der Scham und Verlegenheit. Wie sollte ich den Menschen hier begegnen? Mein Gedankenkarussell sorgte dafür, dass ich mir wie ein Eindringling vorkam. Im Nachhinein ist mir klar, dass ich mit Klischees und wildesten Vorstellungen total überfrachtet war. Durch all die Verhaltensregeln, die ich mir auf die Schnelle zurechtgelegt hatte, war ich wie gelähmt. Bloß nicht glotzen! Bloß nicht die wohlhabende Europäerin raushängen lassen! Auch dies war eine neue Erfahrung für mich: Ich war so gar nicht in meinem Element.

Doch dann ergab sich eine Situation, in der ich wieder ein wenig Boden unter den Füßen bekam. Beim Dreh im

Armutsviertel mussten Kameramann und Tontechniker etwas miteinander besprechen, Zeit genug für mich, mal kurz in eine Nebengasse hineinzulaufen. Allein. Auf einmal hingen ganz viele Kinder an mir dran. Tanzten um mich herum, lachten … Jetzt kann man natürlich sagen: Das ist ja *das* Klischee überhaupt! Aber ich nahm das ganz anders wahr. Mir fiel es wie Schuppen von den Augen: Das sind ganz einfach Kinder! Kinder, die Fußball und Fangen spielen und Faxen machen. Und es war einfach nur nett, mittendrin zu sein. Natürlich will ich nichts verharmlosen. Das Leben dieser Kinder ist weit weg von dem Leben meiner Kinder in Freiburg. Und trotzdem: Die Szene, in der ich mich plötzlich befand, hätte genauso gut in einer deutschen Spielstraße stattfinden können.

Dann kam der nächste Punkt auf der Tagesordnung. Unser Stringer hatte den Kontakt zu einer Medizinfrau hergestellt, die in dieser Gegend wohnte. Stringer? Was ist das denn? Bevor das Filmteam aus Deutschland anreist, hat der Kontaktmann vor Ort, der sogenannte Stringer, schon viel Arbeit. Er gibt wertvolle Insidertipps, stellt Verbindungen zu Behörden und anderen Entscheidern her und sorgt für die nötigen Drehgenehmigungen. Auf Wunsch des verantwortlichen Redakteurs hatte unser Stringer einen Besuch bei einer Medizinfrau vermittelt. Geplant war, dass Frau Animata, was übersetzt »die Vertrauenswürdige« heißt, mich in ihre zeltartige Hütte einladen würde. Auch diese Begegnung hatte mich im Vorfeld stark beschäftigt. Wieder war Kopfkino angesagt. Ich hatte keine Ahnung, wen ich da treffe und wie ich mich verhalten soll. Für mich war es ein großer Schritt, mich auf diesen Besuch einzulassen. Dann war der Moment da.

Im gleißenden Licht Südafrikas stand mir eine unglaublich imposante Frau in geradezu königlichem Gewand gegenüber. Ich war befangen, fühlte mich klein und verunsichert. Als wir dann in ihrer Hütte saßen, schenkte sie mir als Erstes einen Tee ein. In diesem Moment der unkomplizierten Gastfreundschaft fielen endlich meine blöden Ängste und Vorurteile, die mich von den Menschen nur getrennt hatten, von mir ab. Nun konnte ich mir sagen: »Ich bin ein Mensch, der bei einem anderen Menschen zu Gast ist. Und den möchte ich jetzt schrecklich gerne kennenlernen.« Als wir mit Händen und Füßen miteinander redeten, war die Kamera vergessen. Ich fühlte mich geehrt, mit ihr sprechen zu dürfen.

Und noch etwas passierte mit mir. Während unseres Gespräches griff Mama Animata nach meiner Hand und hielt sie lange fest. Unglaublich, was so eine Berührung bewirkt! Da findet etwas ganz Elementares zwischen zwei Menschen statt. Religion, Rasse, Herkunft sind auf einmal völlig unbedeutend. Die physische Berührung lässt alles vermeintlich Trennende, alle Unterschiede wegfallen. Auf einmal wird klar: Darum geht es gar nicht! Es geht um etwas Urmenschliches, um die heilsame Verbindung zwischen zwei Menschen. Sie gibt uns das Gefühl für den großen Zusammenhang: Wir sind alle Menschen und wir sind alle gleich.

Es ist immer sehr schwer, aus der Fülle der Filmaufnahmen die Szenen auszuwählen, die es in den fertigen Film schaffen. Bei so mancher schönen Filmminute tut es mir geradezu körperlich weh, wenn sie ausgemustert wird. Doch es muss einfach sein. Auch mein Besuch bei

Animata ist im Film nicht zu sehen, trotzdem ist er mir selbst nach über zehn Jahren absolut präsent. Das liegt auch an einer weiteren Begebenheit. Animata hatte mich gefragt, welche Wünsche ich habe. Ich war damals Anfang dreißig und gerade frisch getrennt. Weil ich mir ein Leben ohne Kinder nie hatte vorstellen können, beschäftigte mich der Gedanke, ob ich wohl noch irgendwann den richtigen Mann kennenlernen und eine Familie haben würde. Nach dem Ende unseres Gesprächs – der Kameramann war schon hinausgegangen – drückte sie mir ein kleines Medizinpüppchen in die Hand, mit vielen bunten Perlen verziert. Das sollte mir bei der Verwirklichung meines Lebenstraumes helfen. Bei den vielen Reisen, die ich unternehme, kann ich unmöglich von jeder Station ein Souvenir mit nach Hause bringen; ich müsste eine Scheune haben, um all die Dinge unterzubringen. Doch dieses Püppchen habe ich mit nach Hause genommen und behalten. Es steht heute noch bei mir zu Hause auf dem Fensterbrett und bildet eine Brücke zwischen der bewundernswerten, beeindruckenden Frau, die unter schwierigen Bedingungen ihr Leben meistert, und meinen beiden großartigen Kindern.

Begegnungen können natürlich auch unangenehm verlaufen. Der Stringer in Südafrika hatte ebenfalls den Kontakt zu einem Medizinmann hergestellt. Auch in dessen Hütte drehten wir. Aber es wurde schnell deutlich, dass es sein Geschäftsmodell war, eine Show für westliche Besucher abzuziehen. Ich kann gut verstehen, dass jemand auf diese Weise seinen Lebensunterhalt verdient – wer will sich anmaßen, darüber zu urteilen? Für mich aber lief dieser Besuch in eine ganz falsche Richtung. Ich fühlte mich unwohl, weil unser Gastgeber sich so würdelos präsentierte. Auch meinen Kollegen ging das so. Später im Film wurde diese Szene so geschnitten, dass sein Auftritt nicht ganz so peinlich rüberkam. Auch solche Erfahrungen gehören zum Reisen dazu. Ich bin aber überzeugt, dass jede Begegnung besser ist als keine Begegnung.

So mancher, den ich kenne, wäre durch solche Erlebnisse ein wenig überfordert. Aber keine Sorge! Auf die Intensität der Begegnung mit Menschen hat man ja einen gewissen Einfluss. Möchte man ein distanzierter Beobachter sein? Oder richtig eintauchen? Da hat jeder seine eigenen Vorlieben. Wer reisen will, sollte es auf seine eigene Art und Weise tun. Ich persönlich stürze mich gerne ins pralle Leben. Das liegt mir einfach.

Als wir einmal eine Sendung über die Wintersaison im Sauerland machten, hatten wir natürlich die ruhigen, verschneiten Winkel auf unserer Liste. Aber zum Winter gehört auch der Ski-Tourismus. Unglaublich viele Menschen, vor allem aus dem bevölkerungsreichen Ruhrgebiet, zieht es hierher. Und sie alle haben nach einem Tag auf der Piste Hunger und Durst! Dann gehen sie zum Beispiel in eines der Restaurants in Pistennähe. Was für ein Wahnsinn! Da ist es übervoll, laut, stickig, dampfig, die Stimmung ist mehr als ausgelassen. Dazwischen flitzen die Kellnerinnen hin und her. Wie schaffen die das nur? Um diese Szenerie zu vermitteln, kann ich mir eine etwas ruhigere Ecke suchen und in die Kamera raunen: »Toll, was die Kellnerinnen hier leisten!« Lieber wage ich mich mitten ins Getümmel, helfe beim Bedienen und rufe schweißgebadet und mit dreimal Fritten und fünf Bier auf dem Tablett in die Kamera: »Das ist der absolute Hammer hier!«

Im Vorfeld hatten wir uns im Team für die zweite Variante entschieden, da hat der Zuschauer ja viel mehr davon! Mit den Betreibern war abgesprochen, dass ich mir für eine Stunde die Schürze umbinde und einfach mithelfe. Das Kellnern ist kein Problem für mich. Nach dem Abi habe ich, um meine Indienreise zu finanzieren, einen Sommer lang in Freiburger Biergärten gearbeitet. Jeder, der das mal gemacht hat, weiß: Wenn der Laden voll ist, ist Kellnern einer der härtesten Jobs überhaupt. Du bist immer unter Hochspannung, kommst kaum zu Atem. Und auch rein physisch ist es eine harte Schule. Fünf, sechs, sieben Bierkrüge auf einmal stemmen, und zwar nicht nur einmal, sondern einen ganzen Tag lang, ist Hochleistungssport. Weil ich weiß, was die Menschen in der Gastronomie leisten, gebe ich ein großes Trinkgeld. Immer.

Als wir zu den Dreharbeiten in der Skihütte angekommen waren, gab es trotz der Absprachen doch noch eine große Diskussion. Angesichts des ungeheuren Trubels war einigen aus dem Team nicht wohl bei dem Gedanken, dass ich meine Beobachterposition verlassen sollte. Es stimmt schon – Distanz ist eine Komfortzone; mittendrin im Gemenge droht Gesichtsverlust. Ich aber wollte hautnah vermitteln, wie das ist als Bedienung in so einer Skihütte. Endlich ging's los. Schürze umgeschnallt, Tablett in die Hand. Schon in der ersten Minute war mir klar: In drangvoller, stickiger Enge ist das Herumhetzen noch viel anstrengender. Im Sommer, draußen, hast du mehr Luft. Schon nach fünf Minuten war ich schweißgebadet. Da hinten ist was umgefallen ... Sechsmal Fritten an den Tisch hinten ... Fünfmal Rippchen stehen auf dem Tresen und müssen zu Tisch vierzehn ... Zusammenrechnen, Geld rausgeben ... Die Rennerei nahm kein Ende. Ich hatte dauernd Sorge, dass mich einer anrempelt und mir ein paar Biere wegkippen. Und natürlich wollten am Achtertisch alle gleichzeitig zahlen, aber bitte getrennt. Gleich daneben riefen mir die Gäste schon ihre Bestellungen zu. Selbst mit meiner Erfahrung war ich bei Weitem nicht schnell genug, um alles am Laufen zu halten. Eine der richtigen Kellnerinnen lachte freundlich: »Wenn du so weitermachst, werden wir nie fertig!« Ich weiß nicht, wie der Kameramann es geschafft hat, mit seiner sperrigen Ausrüstung im Gedränge mit mir Schritt zu halten. Und der Tontechniker musste inmitten des ohrenbetäubenden Lärms meine Stimme einfangen, ohne dass ich kreischend rüberkam. Nach der Stunde war ich fix und fertig. Und hatte noch mehr Bewunderung als zuvor für alle, die diesen Job Tag für Tag machen, fast ohne Pause. Eine ganze Saison lang. Und wenn es dem Zuschauer genauso geht, dann hat sich die Schinderei schon gelohnt.

Was ich unterm Strich von all meinen Reisen bisher mitgenommen habe: die unendliche Vielfalt. Sie gibt mir immer wieder Gelegenheit, mich neu zu sortieren und für meine Wünsche und Sorgen ein gutes Maß zu finden. Dass ich mein Leben in einem größeren Zusammenhang sehen kann, zeigt sich nicht nur darin, dass ich mittlerweile etwas gelassener mit den größeren Ärgernissen und Niederlagen im Leben umgehe – und dennoch gibt es da immer noch viel Luft nach oben. Auch schon bei den ganz kleinen Missgeschicken, die eigentlich kaum der

Rede wert sind, merke ich die bereichernde und entspannend relativierende Wirkung meiner Reisen. Neulich ist mir meine Lieblingstasse aus der Hand gefallen. Das war nicht einfach nur eine Tasse. Sondern *die* Tasse. Mit ihr hatte ich seit vielen Jahren das Erwachen des neuen Tages begrüßt. Wer mich kennt, weiß, wie wichtig für mich die ruhigen Kaffeeminuten nach dem Aufstehen sind. Denn auch wenn ich eher eine Frühaufsteherin bin, ist es auch für mich ein ganz schrecklicher Moment, wenn der Wecker klingelt. Doch dann geht es mit dem Röcheln und Zischen der Kaffeemaschine lustvoll hinein in den Morgen. Und nun lag sie auf einmal in Scherben, meine geliebte Tasse. Entsetzlich! Wir waren beide am Boden zerstört. Mein lieber Mann versuchte sogar noch, sie zusammenzukleben.

In einer Welt, die nicht viel größer wäre als ich selbst, wäre so ein Verlust vielleicht Grund für einen unverhältnismäßig großen Schmerz. Dann würde ich allen möglichen Leuten auf die Nerven gehen mit meinem Kummer. Aber hallo? Eine *Tasse*? Wie verrückt wäre das denn! Wie gut, dass in mir die Begegnungen mit vielen, vielen Menschen verankert sind. Die Medizinfrau in Südafrika. Die Leute im irischen Pub. Die bodenständigen Paderborner, die nichts und niemand aus der Ruhe bringt. Die zupackenden Sauerländer Kellnerinnen. So kann ich trotz kurzfristigen Frusts die Proportionen auf ein vernünftiges Maß zurechtrücken. Ein bisschen traurig wegen der kaputten Tasse bin ich natürlich immer noch. Aber wer weiß – vielleicht ist die nächste Lieblingstasse ja noch viel schöner als die alte.

2 IM CANAL DU MIDI

»Reisen sollte nur ein Mensch, der sich ständig überraschen lassen will.«

Oskar Maria Graf (1894–1967)

Es ist schon so lange her, dass ich mir nicht mehr ganz sicher bin, ob es in Norwegen oder Schweden war. Den Teller vor mir auf dem Tisch habe ich aber noch gestochen scharf vor meinen Augen. Vollmundig hatte ich kurz zuvor noch behauptet, dass ich auch bei kulinarischen Genüssen keine Berührungsängste habe und mich sehr gerne überraschen lasse. Und dann *das* ...

Aber von Anfang an. Der kleine skandinavische Landgasthof hatte für das Drehteam eine Extra-Schicht eingelegt, um mir eine für die Region ganz typische Speise zu servieren. Irgendwas mit Schaf sollte es geben. Ich war voller Vorfreude, liebend gern entdecke ich die abwechslungsreiche Küche anderer Länder. Und dann wurde eine große Platte vor mich hingestellt. Auf ihr ein gegarter, längs halbierter Schafskopf, auch nach dem Kochen praktisch unverändert und in allen Einzelheiten erkennbar. Die liebevoll rund um das Schafsprofil dekorierten Beilagen konnten den irritierenden Anblick nicht abmildern – manches Bild aus zwanzig Jahren Reiselust ist verschwommen, dieses aber nicht. Ich dachte nur: »O Gott! Das bekomme ich nie im Leben runter!« Um mich herum standen das Filmteam und die Mitarbeiter des Restaurants, die einen wohl genauso erschrocken wie ich, die anderen voller Stolz auf diese besondere Delikatesse. Während ich noch versuchte, meine Fassung wiederzufinden, sagte der Koch, der extra aus der Küche an den Tisch gekommen war, sehr zuvorkommend: »Hinter dem Auge ist das Fleisch besonders zart.«

Gastfreundschaft ist etwas ganz Heiliges. Ich vermeide es daher tunlichst, meinem Gastgeber gegenüber Sonderwünsche zu äußern. »Aber bitte ohne Zitrone und die Sauce extra« – nicht mein Fall. Ich glaube, selbst wenn ich Vegetarierin wäre, würde ich mich als Gast nicht ausklinken wollen und meine eigene Avocado zum Essen mitbringen. Doch mit der Situation in dem skandinavischen Landgasthof war ich schlichtweg überfordert. Da half nur Ehrlichkeit. »Seien Sie mir bitte nicht böse, aber das übersteigt jetzt meine Möglichkeiten«, sagte ich entschuldigend. Der Koch trug es mit Fassung. Er erzählte uns dann, dass er von Touristen diese Reaktion schon kenne.

Im Film haben wir diese Szene dezent abgefangen. Andere Fernsehreihen leben ja davon, peinliche Momente genüsslich zu zelebrieren und auf die Spitze zu treiben. Da hätte man dann möglichst nah an den Schafskopf rangezoomt und ich hätte eine ganz andere Reaktion zeigen müssen: »Iiiihh! Ist das eklig!!« In den Reisesendungen, bei denen ich bisher mit dabei sein durfte, geht es nicht um diesen Voyeurismus. Wir wollen den Menschen wertschätzend und respektvoll begegnen. Deshalb legten wir später beim Schnitt den Fokus auf das Gespräch mit dem Koch und vermittelten: fremde Länder, fremde Sitten.

Meine Leidenschaft ist nicht nur, auf Reisen Menschen zu begegnen, ich will mit ihnen auch ein Stück weit gemeinsam gehen. Dazu gehört, sich wagemutig und unvoreingenommen auf Neues einzulassen und mit offenen Sinnen Eindrücke aufzunehmen. Genau das ist für mich der Reiz am Reisen. Doch wie das Beispiel mit der landestypischen Spezialität zeigt, kann Offenheit auch Überraschungen im Schlepptau haben. Das können wunderbare Erlebnisse sein, aber auch welche, die im ersten Moment nicht so schön sind. Ob so oder so – mich animiert das Unvorhergesehene immer wieder, über mich und mein Leben nachzudenken und mein Selbstbild in Richtung Realität zu korrigieren.

Natürlich hat auch die Sache mit der skandinavischen Spezialität in mir etwas in Bewegung gebracht. Ich halte mich eigentlich für ziemlich unkompliziert, doch an diesem Tag wurde ich mal wieder mit der Nase darauf gestoßen, dass auch ich Grenzen habe. Ich habe mir überlegt, *warum* ich so ablehnend reagiert hatte. Mit Genuss ein köstliches Pellwormer Deichlamm verspeisen, aber bei einem halbierten Schafskopf passen, das ist nicht sehr konsequent. Vor allem, weil das Schaf gewiss ein besseres Leben gehabt hatte als die meisten seiner Artgenossen. Wir machen uns eben gerne etwas vor, wenn es darum geht, woher das Fleisch auf unserem Teller kommt. Ich bin im Schwarzwald aufgewachsen. Ein paar Fußminuten weiter weg wohnte eine alte Bäuerin auf ihrem Hof. Sie hegte und pflegte ein Schwein, zwei Ziegen und ein paar Hühner. Schon mit vier Jahren lief ich mit unseren beiden großen Hunden allein zur ihr rüber. Zu gerne schaute ich zu, wenn sie auf ihrem alten Holzherd in einem großen, grauen Emailletopf das Schweinefutter zubereitete. Sie kochte Kartoffeln, gab Getreideschrot, Obst und Gemüse dazu und vermantschte die heiße Masse dann mit ihren

Händen. Wenn das Futter abgekühlt war, durfte auch ich mit meinen bloßen Händen hineingreifen. Was für eine sinnlich-genüssliche Erfahrung! Mich beeindruckte auch die tägliche Sorge und Zuwendung, die das Schwein erfuhr. Einmal sagte ich zu meinen Eltern: »Am liebsten würde ich für einen Tag das Schwein der Nachbarin sein!«

Ich finde es in Ordnung, wenn ein Tier gut versorgt und dann irgendwann geschlachtet und gegessen wird. Von diesem Zustand sind wir aber mittlerweile weit weg. Trotzdem bin ich keine Vegetarierin. Zu gerne genieße ich die authentische Küche in aller Welt. Vieles vermittelt sich ja auf Reisen über das Essen. Ich kann aber auch jeden sehr gut verstehen, der für sich selbst anders entscheidet. Wir essen nicht viel Fleisch in der Familie und ich versuche darauf zu achten, dass es von Tieren ist, die zuvor ein gutes Leben genießen durften. Aber es ist nicht immer einfach, das durchzuhalten. So gesehen war die regionaltypische Speise in dem skandinavischen Landgasthof eine willkommene Erinnerung daran, es beim Fleischeinkauf nicht schleifen zu lassen.

Wie unangenehm das Unerwartete sein kann und dass dann doch oft etwas Gutes dabei herauskommt, davon erzählt auch die nächste Geschichte. Wir unternahmen eine Tour ins Appenzeller Land. Es bildet den Übergang vom flachen Land rund um den Bodensee zu den lebensfeindlicheren Hochalpen und ist für mich der Inbegriff eines idyllischen Landstrichs. Es geht die Sage, dass in Urzeiten ein Riese über das Appenzeller Land wanderte. Auf dem Rücken trug er einen Sack voller Häuser und Höfe, die Zwerge im Montafon hatten sie ihm gebaut. Am höchsten der Berge, dem Säntis, blieb der Riese mit seinem Sack hängen und aus dem Riss purzelten all die Häuschen heraus. Der Riese freute sich an dem schönen Anblick und ließ alles so, wie es der Zufall geschaffen hatte. Genau dieses Bild erwartet den Besucher: verstreute Dörflein, eingeschmiegt in eine sattgrüne Landschaft aus saftigen Almwiesen und einladenden Bergen.

Die Zusammensetzung des Teams, das für die »Wunderschön!«-Reihe unterwegs ist, unterscheidet sich von Projekt zu Projekt. Das ist auch bei anderen Produktionen so. Selbst die Bezeichnungen für die einzelnen Gewerke variieren je nach Format und Projekt: Redakteur, Autor, Producer, Realisator und so weiter. Bei »Wunderschön!« verantworten die zuständigen Redakteure die etwa zwanzig Folgen, die im Jahr gedreht werden. Sie bestimmen, welche der von den Autoren und Moderatoren eingereichten Themen umgesetzt werden. Dann wird das Team zusammengestellt. Man kennt sich ja und weiß, wer mit wem zusammenpasst. Wenn alle Lust auf das relativ spontane Arbeiten und den engen Kontakt mit Kollegen rund um die Uhr haben, dann läuft die Sache fast wie von selbst. Mancher Kameramann oder Tontechniker fühlt sich aber zum Beispiel in reiner Studio-Umgebung viel wohler, dann kann so eine »Wunderschön!«-Woche auch mal ziemlich mühsam werden.

Für unseren neuen Auftrag waren wir zu fünft unterwegs – Autorin, Tontechniker, Maskenbildnerin, Kameramann und ich. Wir kannten uns schon gut, waren ein eingespieltes Team. Kameramann Jürgen und ich hatten kurz zuvor noch die Alpenüberquerung von Oberstdorf bis Meran gemacht. Auf der achttägigen Wanderung über Geröllfelder, Gletscher und Felsmassive habe ich ihn als sehr ruhigen, überlegten

Kollegen schätzen gelernt. Auf der genüsslichen Wanderung durchs spätsommerliche Appenzeller Land würde es weniger sportlich, dafür aber gemächlicher zugehen. Dachten wir jedenfalls. Auf dem sogenannten Whiskytrek, der um das Alpsteinmassiv mit Säntis, Hohem Kasten und Ebenalp führt, verläuft der Weg von Hütte zu Hütte. Und in jeder wird ein ganz eigener Whisky eingeschenkt. Der erste Tag verlief völlig erwartungsgemäß. Mit einem kleinen Bähnli, in dem mich das typische Schweizer Schild »Ausstieg auf Verlangen« ganz besonders entzückt hatte, waren wir in Appenzell angekommen. Uns bot sich ein prächtiges Bild: Die leuchtendgrüne Almlandschaft wurde von der immer wieder zwischen den Wolken hervorblitzenden Sonne beschienen. Es war alles so sanft, so herzig, so heil. Wir konnten wunderbare Aufnahmen machen und waren mit dem Ergebnis unseres ersten Nachmittages hochzufrieden. Abends im Hotel hieß es dann leider: Eine Schlechtwetterfront zieht rein, es wird ungemütlich. Beim Drehen steht und fällt ja viel mit dem Wetter. Aber wir waren ganz frohen Mutes, denn Durchregnen tut's ja nun wirklich selten und meist lässt sich mit der Kamera trotzdem noch einiges zaubern. Was sollte schon groß passieren?

Am nächsten Morgen machten wir uns, so wie es der Drehplan vorsah, vom Tal aus auf den Weg zur ersten Hütte. Da raste von den Bergen her schwarz und duster eine Föhnfront heran. Es war spektakulär! Innerhalb kürzester Zeit sank die Temperatur um 10 Grad und dann war um uns herum auf einmal Schneegestöber. Mitten im September! Trotz warmer Jacken und Mützen war der Aufstieg ungemütlich und wir waren froh, als wir mittags die erste Hütte erreichten. Nun sah der Drehplan vor, dass wir noch am gleichen Tag bis zur nächsten Hütte weiterlaufen mussten. Also rissen wir fünf uns, sobald wir die geplanten Filmeinstellungen im Kasten hatten, aus der gemütlichen Stube los und stapften weiter. Ein bisschen Regen und Wind hat ja noch niemandem geschadet. Es ging über einen kraxeligen Höhenweg. Und dann fing es an, richtig zu stürmen. Der Weg wurde auch noch immer schmaler, der Spaziergang entwickelte sich zur Gratwanderung. Wir konnten uns in dem starken Wind kaum aufrecht halten. Merkwürdigerweise kam ich gar nicht auf die Idee, dass wir uns in einer sehr gefährlichen Situation befanden. Doch nicht im lieblichen Appenzeller Land! Ich holte sogar mein Handy heraus, um dieses Naturschauspiel zu filmen und unsere wackelige Kletterei festzuhalten.

Seit einiger Zeit nutze ich bei Gelegenheit mein Handy, um der Perspektive des Kameramanns eine weitere hinzuzufügen. Ich bin damit schnell und flexibel und kann kleine, authentische Situationen unkompliziert festhalten. Früher, als noch bei jeder Produktion ganz selbstverständlich zwei Kameramänner im Team mitfuhren, konnten sie sich mit ihren Aufnahmen gut ergänzen – Schuss und Gegenschuss nennt man das. Mittlerweile hat sich unsere Arbeitsweise verändert. Oft ist nur ein Kameramann im Einsatz, wir drehen weniger inszeniert, spontaner und »reportagiger«, wie es so schön heißt. Dass ich mit meinem Handy filme, macht einen gelernten Kameramann aus gutem Grund auch manchmal traurig, aber oft wird das Material tatsächlich eingesetzt. Und während ich noch dachte: »Das ist richtig toll für den Film später!«, umrundeten wir eine Felsnase. Um die Ecke pfiff und sauste es so stark, dass Jürgen sofort die Mütze wegflog und mir fast das Handy aus der Hand gerissen wurde. Da erst wurde klar, dass wir die ganze Zeit in relativem Windschatten gegangen waren. Verantwortlich im Team ist immer der Kameramann. Nie hatte ich erlebt, dass Jürgen laut geworden war. Jetzt aber übernahm er das Kommando: »Abbruch! Wir drehen sofort um! Schluss!« Ich glaube, wenn einer von uns anderen den Vorschlag gemacht hätte umzukehren, wäre erst mal lange diskutiert worden – es muss viel passieren, bis man den heiligen Drehplan in den Sand setzt. Aber die kurze und nachdrückliche Ansage des sonst so bedächtigen Jürgen machte auch uns anderen endlich klar, dass das hier kein Spaß war. Ohne Widerspruch drehten wir um und stapften schweigend im Sturmgeheul zurück zur Hütte. Wir fühlten uns klein und hilflos. Die Hüttenwirtin war ganz erleichtert, als wir wieder vor ihrer Türe standen. »Ein ganz seltenes Wetterereignis«, sagte sie.

Dank der Hilfe unserer Gastgeber kamen wir dann doch noch programmgemäß zur zweiten Hütte. Auf ihren Rat hin warteten wir, bis der Sturm ein wenig nachgelassen hatte, und gingen dann über einen längeren, aber geschützteren Weg, der durch ein Tal führte. Erschöpft, aber wohlbehalten erreichten wir unser nächstes Ziel und belohnten uns dort erst einmal mit einem herrlich deftigen Essen. Es gab knusprige Rösti mit Geschnetzeltem und zum Schluss vom Hüttenwirt einen hausgemachten Schnaps. Wir hatten es wirklich geschafft!

Im Nachhinein ist der bedrohliche Wetterumschwung eines der Highlights der Tour gewesen. Unvergesslich der Kontrast zwischen smaragdgrünen, einladenden Almwiesen und der tosenden Sturmfront. Völlig unerwartet und auf sehr heftige Weise hatten wir am eigenen Leib erfahren, wie unberechenbar selbst die scheinbar so sanften Appenzeller Berge sein können. Und dass wir Flachländer trotz aller Vorbereitung kein Gespür dafür haben, wie schnell sich in höheren Lagen die Situation lebensbedrohlich verändern kann. Was ich von der Reise ins Appenzeller Land mit nach Hause nahm, waren also nicht nur die erwarteten Bilder einer idyllischen Landschaft, sondern auch der große Respekt vor den Naturgewalten der Bergwelt. Auf meiner gesamten Alpenüberquerung war ich kein einziges Mal in eine so dramatische Abenteuersituation geraten. Hier im Appenzeller Land habe ich die Erfahrung gemacht, dass wir in den Bergen guten Grund zur Demut haben. Wir sind nur Gäste auf Zeit, uns braucht es dort oben nicht. Auch diese Erkenntnis ist eine willkommene Bereicherung, die mein Leben tiefer macht. Und noch ein Gutes hatte die Überraschung mit dem Wetterumschwung. Die Intensität dieses Erlebnisses hat uns als Gruppe zusammengeschweißt. Wenn wir heute wieder einmal in einem Team zusammengewürfelt werden, dann verbindet uns dieses gemeinsame Erlebnis mehr als nur ein »Weißt du noch …?«.

Es gibt natürlich auch zu 100 Prozent nervige Überraschungen. Anfangs bin ich immer aus München und dann Berlin ins Kölner WDR-Studio gereist. Weil mein Mann Schweizer ist, sind wir später nach Zürich gezogen. Heute wohnen wir mit unseren beiden Kindern in Freiburg. Ich hatte also schon immer eine längere Anfahrt, wenn ich beim WDR in Köln zu tun hatte. Und wenn irgend möglich, fahre ich mit der Bahn – in der zweiten Klasse. Ein Jahr lang habe ich es mal mit einer Bahncard für die erste

Klasse versucht. Ist ja ganz angenehm, wenn man ein bisschen mehr Platz hat, in Ruhe arbeiten kann und einem die Zeitung vorbeigebracht wird. Der große Nachteil: Wenn ich mit Freunden oder Kollegen zusammen fahre, dann haben die meistens die zweite Klasse gebucht. Soll ich dann etwa sagen: »Tschüss dann, wir treffen uns wieder, wenn der Zug angekommen ist«? Geht gar nicht, finde ich. In der zweiten Klasse ist man irgendwie näher am normalen Leben dran. Schon oft hat mir ein interessantes Gegenüber die Fahrzeit verkürzt. Und wenn ich meine Ruhe haben will, vertiefe ich mich in meine Unterlagen oder meine Musik, dann werde ich auch meist in Ruhe gelassen. Nur gibt es leider auch Reisegenossen, die mich total überfordern.

Der Mann, Anfang fünfzig, in T-Shirt und Jeans, war mir schon auf dem Bahnsteig aufgefallen. Mein Zug stand in Köln, sollte in ein paar Minuten losfahren. Ich saß bereits auf meinem reservierten Platz und schaute aus dem Fenster, da sah ich, wie er mit einem Dehngummi sportliche Übungen machte. Exzessive Leibesertüchtigung am Gleis – ganz schön schräg! Kurze Zeit darauf kam der Turnfreund den Gang entlang, behängt mit mehreren Taschen. Abwechselnd musterte er die Fahrkarte in seiner Hand und die Nummern über den Sitzplätzen. Aha, er hatte also auch reserviert. Er wurde immer langsamer, je näher er meiner Sitzreihe kam. Mir wurde mulmig zumute. Ach nein, bitte nicht! Der Sportsmann blieb direkt vor mir stehen, warf Taschen und Jacke umständlich in die Gepäckablage und ließ sich grußlos auf den freien Sitz neben mir fallen. Sofort hüllte mich eine dichte Schweißwolke ein. Mein verzweifelter Blick auf die Reservierungsleiste über uns zeigte mir, dass er bis Zürich fahren würde. So wie ich. Fünf Stunden. Der Zug war mittlerweile rappelvoll, erst mal keine Aussicht auf Entkommen. Ich drückte mich in meine Ecke und versuchte, möglichst flach zu atmen. Mein Mitreisender aber saß zufrieden mit sich und der Welt neben mir und merkte gar nicht, was für eine Zumutung er für die anderen war.

Es ist eine Sache der Statistik, dass sich unter Reisegenossen auch mal Totalausfälle befinden. Das Schlimmste, was man in so einem Fall machen kann, ist endlos zu hadern. Manches muss man eben einfach aushalten und aussitzen. So wie ich es bei meinem Sitznachbarn auch gemacht habe. Ich hatte Glück. Nach nur zwei Stationen wurde ein Vierertisch frei und mein Nachbar setzte sich dort rüber. Großartige Entscheidung! So hatten wir es alle besser.

Manchmal ist eine Enttäuschung einfach nur eine Enttäuschung. Und es gibt Krisen im Leben, die nichts Gutes an sich haben. Zumindest nicht, wenn man mittendrin steckt. Ich bemühe mich, in solchen Fällen locker zu bleiben und die Sache möglichst schnell zu verdauen. Die Kraft, die ich brauche, um Widrigkeiten abzufedern, fehlt natürlich an anderer Stelle. Aber bisher war's meist so, dass sich irgendwann der Knoten löst und es wieder normal weitergeht. Mein Mann sagt dann gern: »Am Ende wird alles gut, und wenn es nicht gut ist, ist es noch nicht das Ende.« Das hilft. Finde ich.

Einer meiner Lieblingssprüche lautet: Glück ist eine Kontrasterfahrung. Was sind die schönsten Momente einer Reise? Ich denke da zum Beispiel an die Tage, an denen ich in Backofenhitze oder Regenschauern Stunden über Stunden durch eine Stadt gerannt bin und mir die Hacken abgelaufen habe. »Tamina, geh mal dort an der Kirche entlang! Tamina, gleich ist der Termin mit dem Galeriebesitzer. Und jetzt, schnell, schnell, lass uns noch hier über die Gasse mit dem Kopfsteinpflaster laufen!« Und dann ist der Arbeitstag vorbei und wir sitzen in einem kühlen Hinterhof, erschöpft und verschwitzt, ein kleines, eiskaltes Getränk vor uns, und an der Außenseite des Glases perlt das Kondenswasser herunter. Herrlich! Hätten wir den ganzen Tag dort gesessen, wäre es nicht halb so schön gewesen.

Eine Reise muss nicht nur »schön« sein, finde ich. Jedenfalls nicht, wenn »schöne Reise« gleichgesetzt wird mit: genau so, wie man es sich zu Hause vorgestellt hat – Essen wie geplant, Sehenswürdigkeiten wie geplant, Tagesabläufe wie geplant. Gerade dann, wenn sich mir meine Reiseziele ganz anders präsentiert haben, als ich sie mir vorgestellt hatte, waren die Erlebnisse oft viel spannender und intensiver als gedacht. Die einzige Voraussetzung ist, offen zu sein für die Welt, wie sie wirklich ist. Sobald ich mich von meinen Vorstellungen verabschiedet habe, ist auch gleich der Raum für ganz neue, authentische Eindrücke da.

Ein sehr beliebtes Reiseziel in Südfrankreich ist der 240 Kilometer lange Canal du Midi. Eine meisterhafte Ingenieursleistung, die seit über 300 Jahren eine schiffbare Verbindung zwischen Atlantik und Mittelmeer herstellt. Für den Warentransport hat der Kanal mittlerweile seine Bedeutung verloren, heute wird er fast ausschließlich von Touristen befahren, die mit einem gemieteten Hausboot den Kanal entlangtuckern. Das kann jeder, dazu ist noch nicht einmal ein Bootsführerschein notwendig. Der Plan des Redakteurs war, dass ich zusammen mit meiner lieben Freundin Franziska so ein Boot mieten und wir zwei Frauen entschleunigt den Canal du Midi entlang bis ans Mittelmeer schippern würden. Voller Vorfreude schaute ich in Büchern und Internet nach, was uns erwartete. Es hörte sich alles sehr vielversprechend an. Ziska und ich würden auf dem Wasser treiben, romantisch beschattet von den 42.000 links und rechts am Ufer angepflanzten Platanen und Zypressen. Begleitet von wunderschönen Lichtspielen, die das Laubwerk auf die Wasseroberfläche zaubert, sah ich uns von Städtchen zu Städtchen reisen und die südfranzösische Küche genießen. Ich freute mich auch schon darauf, morgens direkt vom Boot in die kühlen, kristallklaren Fluten zu tauchen, um frisch für den Tag zu sein.

Als Ziska und ich in Sauzens vor laufender Kamera das Boot übernahmen, wartete auf uns bereits ein erster kleiner Dämpfer. Das Wasser im Canal du Midi entpuppte sich als trübe, träge Brühe und wir wurden gleich gewarnt, bloß nicht ins Wasser zu springen. Auch wenn der Kanal nicht mehr so massiv wie früher als Kloake genutzt wird, sind doch genügend Abwässer und Keime enthalten, um einem das Badevergnügen zu verleiden. Nach dieser ersten Warnung zeigten uns die Kollegen, die schon vor Ort waren, wie das Boot gesteuert wird. Wie geht es vor und zurück? Wie läuft das in den Schleusen ab? Alles idiotensicher. Als wir losfuhren, überraschte uns bald die zweite Enttäuschung. Viele der uralten Platanen waren abgeholzt worden. Ein fieser Pilz nistet sich in ihren Saftkanälen ein und führt innerhalb weniger Jahre zu ihrem Absterben. Ist der Baum erst infiziert, ist eine Heilung nicht mehr möglich. Um die Ausbreitung des Parasiten einzuschränken, waren bereits 10.000 Bäume gefällt worden. Auf Teilen der Strecke wurde also nichts aus dem Sehnsuchtsbild, im Schutz der schattenspendenden Bäume durch das heiße Südfrankreich zu schippern. Man kann sich vorstellen, welch jämmerlichen Anblick die Baumstümpfe links und rechts an den Ufern boten. Der Charme war hin, der Traum zumindest angekratzt.

Und doch war diese Reise ein voller Erfolg. Schon allein, weil es viel zu lachen gab. Bereits unser Ausparkmanöver hielt sich so gar nicht an das Drehbuch, das entspanntes Reisen vorgesehen hatte. Es war das reine Chaos mit viel Geschrei und leidenschaftlicher Hektik. Fast hätten wir ein vor uns festgemachtes Schiff gerammt. Und auch die ersten Schleusen trieben uns den Angstschweiß auf die Stirn. Aber bald hatten wir uns eingegroovt und eine gute Arbeitsteilung gefunden. Ab diesem Zeitpunkt waren wir tatsächlich grundzufrieden und tiefenentspannt. Und superstolz, dass wir das 15-Meter-Trumm im Griff hatten. An den Schleusen sprang Ziska mit einem Seil an Land, ich warf ihr noch ein zweites zu und steuerte das Boot. Mit den beiden Seilen in der Hand sorgte Ziska vom Ufer aus für die sichere Passage. Und wenn wieder mal ein Streckenabschnitt kam, an dem die Bäume noch standen, jubelte das ganze Team und wir glitten wie Könige unter dem schützenden Blätterdach durch den heißen südfranzösischen Spätsommer.

Und dann kam mein ganz persönlicher Schicksalstag. Wieder mussten wir eine Schleuse passieren. Aus irgendeinem Grund sprang dieses Mal nicht Ziska, sondern ich mit dem Seilende in der Hand ans Ufer. Ein großer Satz auf die Böschung – geschafft! Ziska wollte mir nun das zweite Seil zuwerfen. Sie ist in unendlich vielen Dingen außerordentlich geschickt, doch Werfen ist eine Disziplin, die ihr ganz und gar nicht liegt. Schon in der Schule waren ihre Wurfkünste so rudimentär, dass sich unser Sportlehrer, ihr Vater übrigens, in gespielter Verzweiflung abwendete. Das Seil fiel also schlaff vor meiner Nase ins Wasser. Ich weiß noch genau, ich trug pinke Birkenstocks aus Plastik, auf dem Boot das perfekte Schuhwerk, aber nicht für eine rutschige, zum Wasser hin etwas abfallende Böschung mit langem, überhängendem Gras. So schnell kannst du gar nicht gucken, wie ich abgerutscht und ins Wasser gefallen war. Bis zu den Schultern hing ich in der dreckigen Brühe. »Nur raus hier!« Mit einem ekligen, muffigen Geschmack im Mund entwickelte ich ungeahnte Kräfte und strampelte mich schnell wieder aufs Trockene. Gut, dass mir erst später klar wurde, dass ich leicht zwischen Böschung und dahindümpelndem Schiffsrumpf hätte zerquetscht werden können. Das Drehteam war natürlich überall mit dabei; doch wenn gefilmt wurde, mussten sie sich so verstecken, dass sie nicht ins Bild gerieten. Nun kamen sie nach und nach an Deck, weil sie mitbekommen hatten, dass was passiert war. Da stand ich tropfnass am Ufer und wäre am liebsten im Boden versunken. Natürlich war diese Schleuse eine der belebtesten auf der ganzen Reise. Ein Dutzend Augenpaare hatte mein Missgeschick verfolgt. Schnell floh ich in unsere kleine Dusche im Hausboot und spülte mir erst mal den Modder aus Haaren und Klamotten.

Ich hatte Glück und Unglück zugleich. Glück, weil die Kamerafrau auf dem Boot nebenan gerade ihre Kamera laufen ließ und deshalb aus nächster Nähe gefilmt hatte, wie ich ins Wasser flog. So haben die Zuschauer der Sendung später eine »Pleiten, Pech und Pannen«-Szene obendrauf bekommen. Unglück, weil sie für die Ewigkeit festhielt, wie ich mich äußerst unelegant an Land rettete. »Mit der Grazie eines jungen Walrosses«, hätte meine frühere Sportlehrerin gesagt. Später, in der Gaststätte des nächsten Örtchens, ließen wir gemeinsam die Geschichte noch mal unter herzlichem Gelächter Revue passieren. Am Nebentisch saß ein alter Seebär, der interessiert zu uns herüberschaute. Ihn fragte ich, ob er an der Schleuse unter den Zuschauern gewesen war. Er verzog keinen Muskel und sagte schlicht: »J'ai vu.« Ich hab's gesehen. Auf meine Frage, ob ihm das denn auch schon mal passiert sei, antwortete er trocken: »Jamais.« Niemals.

Das waren schon einige Enttäuschungen und Missgeschicke! Und trotzdem gehört die Fahrt auf dem Canal du Midi zu meinen schönsten »Wunderschön!«-Reisen. Es war manchmal fast wie ein Urlaub prallvoll mit neuen Eindrücken. Wir hatten eine Austernfarm besucht, eine Fahrradtour gemacht, außergewöhnliche Menschen kennengelernt, und als sich am Ende der Kanal ins Meer öffnete, war auch das ein ganz besonderer Augenblick. Vor allem: Meine Freundin Ziska und ich hatten wirklich die gesamte Strecke von Sauzens bis zum Mittelmeer mit dem Riesen-Hausboot geschafft. Die leichte Anfangspanik hatte sich in Gelassenheit verwandelt. Als wir am weichen Meeresstrand saßen, waren wir wirklich stolz auf uns. Die Canal-du-Midi-Sendung wurde zu einem besonders beliebten »Wunderschön!«-Beitrag. Noch heute werde ich von Zuschauern auf diese Reise angesprochen: »Das war doch, als du ins Wasser gefallen bist!«

Vielleicht hätten andere Menschen anders reagiert. Keine schattenspendenden Bäume? Unverschämtheit! Kein morgendlicher Sprung ins Wasser? Geld zurück! Ich glaube, dass gerade diejenigen, die von ihren Erwartungen nicht loskommen, überdurchschnittlich viele Enttäuschungen erleben. Ihre Sinne sind verstopft, weil sie damit beschäftigt sind, sich zu beschweren. Dass das, was im Reiseführer fett gedruckt ist, manchmal die Erwartungen nicht erfüllt, gehört einfach dazu. Ziska und ich haben uns lieber mit Lust umgeschaut: Was gibt es denn hier noch zu entdecken? Bei den Kollegen, mit denen ich unterwegs bin, ist der Spruch schon ein *running gag*: »Loslassen – entspannen – einverstanden sein.« Ein Dutzend Mal am Tag gibt es Grund, ihn zu sagen. Er hilft mir auch im Alltag. Sich über Dinge aufzuregen, die ich nicht ändern kann, würde nur kostbare Energie verschwenden. Noch viel zu oft will mir diese Gelassenheit nicht so ganz gelingen. Aber ich arbeite dran.

Ich kann mir keine Reise vorstellen, auf der nichts Unerwartetes passiert. Eine »perfekte Reise«, bei der alles wie am Schnürchen läuft und alle Unwägbarkeiten schon im Vorfeld eliminiert sind – das klappt sowieso nicht. Reisen ist nie perfekt, genau wie das Leben selbst. Ich fänd das auch gar nicht erstrebenswert. Für mich machen gerade die Überraschungen eine Reise zu etwas Besonderem. Aber bitte in bekömmlicher Dosis. Jeder hat da seine eigene Mischung aus erfüllten Erwartungen und überraschenden Erlebnissen, die ihm guttut.

Genauso wenig wie eine perfekte Reise gibt es das perfekte Gepäck. Manche Menschen fragen mich, was sie in ihren Koffer packen sollen. »Du als Expertin …«, heißt es dann.

Woher soll ich das wissen? Klar habe ich ein paar Tipps und Tricks, aber jeder Mensch ist anders, jede Reise ist anders und im Zweifelsfall hat man dann doch das Falsche mit dabei. Na und? Selbst die notwendige Grundausstattung unterscheidet sich von Mensch zu Mensch. Für den einen sind Kosmetika und Lieblingskissen unverzichtbar, beim anderen sind es Medikamente oder die Sonnenbrille. Ich habe keine Packliste, jedes Mal mache ich mir von Neuem Gedanken, was ich brauche. Nur eines weiß ich: Am besten reist es sich mit kleinem Gepäck. In doppelter Hinsicht. Einmal meine ich die mentale Beweglichkeit, die es dir erlaubt, dich nicht an Ablaufplänen festzuklammern. Aber auch im Wortsinne. Alles, was du einpackst, schleppst du mit. Auch beim Reisegepäck ist weniger oft mehr. Ich muss allerdings zugeben: Weil ich beim Drehen viele verschiedene Outfits brauche, ist mein Koffer eher groß und schwer. Lieber würde ich mit kleinerem Gepäck reisen. Geld, Wäsche, Zahnbürste – und selbst diese Basics lassen sich ja, falls nicht vorhanden, organisieren.

Einmal flog ich von Zürich, wo ich damals lebte, nach Düsseldorf, um mich mit dem Drehteam zu treffen. Von dort aus sollte es gleich gemeinsam weiter zu Dreharbeiten nach Lanzarote gehen. Wegen Schneetreiben hatte meine Maschine Verspätung, sodass ich nicht wusste, ob ich den Anschlussflug in Düsseldorf noch erwischen würde. Es ging um Minuten! Der nächste Flug Richtung Kanarische Inseln wäre erst am übernächsten Tag gegangen – damit wäre der gesamte Drehplan über den Haufen geschmissen. Sobald die Maschine ausgerollt war, hetzte ich schon los. Gleich vorne im Ankunftsbereich wartete ein Flughafenmitarbeiter auf mich, der mich im Galopp zum Anschlussflug begleitete. Zu meiner Überraschung stand die Maschine schon auf dem Rollfeld. Auf die inständigen Bitten des Teams hatte der Kapitän tatsächlich auf mich gewartet. Über eine kleine Notleiter bestieg ich das Flugzeug – begleitet von den genervten Blicken der anderen Fluggäste, die hatten warten müssen.

Wir landeten sicher auf Lanzarote. Alles war gut. Nur mein Koffer hatte den Düsseldorfer Schnelltransfer nicht geschafft. Dummerweise hatte ich in meinem Handgepäck nur Unterlagen mit, selbst das Nötigste war im Koffer verstaut – das ist mir danach nie wieder passiert. Jetzt musste ich organisieren. Eine Zahnbürste hatte das Hotel vorrätig. Unterwäsche gab mir meine liebe Kollegin. Weil ich in Zürich bei Eiseskälte losgeflogen war, hatte ich viel zu warme Kleidung am Leib. Zur Not hätte ich sie zwei Tage lang tragen können, doch gleich am nächsten Morgen mussten die Dreharbeiten beginnen. Gar nicht so einfach, schnell ein passendes Outfit zu besorgen. Weil die Vulkaninsel meist einen dunklen Hintergrund liefert, wollte ich Teile mit strahlenden Farben. Touristen-T-Shirts und Strandkleidung gab es zwar jede Menge, doch etwas, womit ich ein bisschen angezogener aussah, musste ich lange suchen. Endlich wurde ich in einer Boutique fündig. Nicht zu hundert Prozent mein Stil, aber völlig in Ordnung.

Dass wir tatsächlich termingerecht mit dem Drehen beginnen konnten, war eine Verkettung glücklicher Umstände und auch der Tatsache geschuldet, dass wir nicht aufgegeben haben. Als in Düsseldorf das Boarding begann, ich aber mit der Züricher Maschine noch über dem Flughafen kreiste, hätte niemand darauf gewettet, dass alles noch gut wird. Aber weil die Kollegen nicht lockergelassen hatten, ging es dann doch. Manchmal kommt es eben darauf an durchzuhalten. Dann geht es auch irgendwie weiter – nicht unbedingt so, wie man es sich vorgestellt hat, aber ab und an sogar umso schöner.

Auch das Abenteuer im Appenzeller Land hatte so ein Nachspiel, das mir gerade vor dem Hintergrund des am Tag zuvor überstandenen Unwetters besonders leuchtend in Erinnerung geblieben ist. Als ich in der zweiten Hütte erwachte, die wir am Abend zuvor nach so vielen Mühen erreicht hatten, sah ich als Erstes aus dem Fenster meines kleinen Zimmers. Der Sturm war vorbei, der Himmel wieder strahlendblau und vor mir breitete sich ein Bilderbuch-Bergpanorama aus, abgerundet durch einen kleinen See mit spiegelblanker Oberfläche. Wie wunderschön! Ein perfekter Tag, um wie verabredet den Geschichtenerzähler Jürg zu treffen, mit dem ich die nächsten Tage unterwegs sein würde. Auf einmal ertönten Alphorn-Klänge! Da stand jemand unter meinem Fenster auf der Almwiese und spielte auf einem Büchel, der kleineren Version des Alphorns. Mir ging das Herz auf. Ein paar Minuten später stellte sich heraus, dass der Alphornbläser niemand anderes war als Jürg. Gibt es eine passendere Art und Weise, sich in den Schweizer Bergen vorzustellen? Wir hatten sofort einen tollen Draht zueinander und die nächsten Tage wurden wirklich so leicht und entspannt, wie wir es uns gewünscht hatten.

Und weil wir wie vom Glück geküsst waren, stolperten wir zu guter Letzt auch noch zufällig in eine ganz besondere Szene hinein. Der Almabtrieb der Kühe hatte schon vor einigen Tagen stattgefunden, den Sturm hatten sie sicher in ihren Ställen verbracht. Nur die Ziegen waren noch oben auf den Almen, die Hüttenwirte hatten sich den Sommer über um sie gekümmert. Gerade an diesem Morgen war eine Gruppe Appenzeller Bauern aus dem Tal heraufgekommen, um ihre Ziegen abzuholen. Ehrensache, dass alle in Appenzeller Tracht waren, jedes einzelne dieser wettergegerbten Gesichter hätte man malen müssen. Ein paar von ihnen hatten wild gebogene Zigarren im Mund, die aussahen wie knorzige kleine Zweige. Man begrüßte sich, unterhielt sich, war unter sich. Die einen hatten ihre Tiere schon beisammen, andere standen noch am Hang und riefen ihre vier oder fünf Milchziegen mit Namen. Dazwischen rannten Kinder ausgelassen über die Wiesen.

Das Drehteam stand ein wenig abseits und betrachtete das muntere Treiben rund um die Hütte. Wir waren einfach nur froh, als Zuschauer an dieser uralten Tradition teilhaben zu dürfen. Unvorstellbar, in diesen ganz intimen Moment hinein respektlos Kommandos zu geben: »Gehen Sie doch bitte mal hier von rechts nach links. Und jetzt bitte alle mal die Ziegen streicheln.« Gerade weil wir uns nicht aufgedrängt haben, kam es dann doch noch zu einem Miteinander von Kölner Großstadtgewächsen und Appenzeller Bauern. Einer der Bauern, ein drahtiger, vierschrötiger Mann, kam auf mich zu, eine seiner Ziegen am Strick hinter sich herführend. Er hatte wohl mitbekommen, wie interessiert ich ihm beim Melken zugeschaut hatte. Der Appenzeller Menschenschlag macht nicht viel Worte, so wie wohl alle Bergbewohner auf der Welt. Aber die Einladung war eindeutig: »Wotsch au?« Und schon hatte ich meine Hände an dem warmen, weichen und doch prallen Euter der kleinen weißen Ziege, die da ganz willig vor mir stand. Das Ziegenmelken hatte ich ja ein wenig als Kind bei Frau Gut gelernt, ich schaffte es also auf Anhieb, ein paar Milchspritzer heraus zu melken. Für mich war das eine ganz sinnlich-elementare Kindheitserinnerung. Aber die Ziege merkte natürlich, dass ich kein Profi war, und wurde unruhig. Da übernahm der erfahrene Bauer und – stripp-strapp-strull – schäumte der Milchstrahl nur so in den Metalleimer, der Milchpegel stieg höher und höher und die Ziege bekam sofort einen ganz verklärten Blick.

Weil wir mit Wertschätzung und Interesse den Menschen begegneten, war auf einmal alles ganz unkompliziert. Wir unterhielten uns noch lange über Ziegenrassen und die harte Arbeit und ich durfte auch mal an einer der knorzigen Zigarren ziehen, was sofort einen Hustenanfall und großes Gelächter hervorrief. Die Appenzeller hatten auch nichts dagegen, dass nun die Kamera mitlief. Als ich später draußen vor der Hütte einen heißen Kakao trank, setzte sich der Ziegenbauer noch einmal zu mir. Er erzählte mir, dass er gerade erst eine schwere Krankheit überwunden hatte. Lange hatte seine Leidenszeit gedauert, die Ärzte hatten ihm nicht helfen können. »Aber dann hab ich das hier genommen«, sagte er und zog etwas Schrumpeliges, scharf-aromatisch Riechendes aus seinem Kittel. Es war ein Wurzelstück der Meisterwurz, einer Pflanze, die es nur in den Bergen gibt und die als eines der wirksamsten Heilkräuter gilt. »Seitdem ich dies nehme, geht es mir wieder gut.« Da saßen wir auf der Bank, deren ausgeblichenes Holz diesen ganz bestimmten Silberton angenommen hatte, den es nur in den Bergen gibt. Ein kleines Stück von der Wurzel hat er mir abgebrochen und überreicht. Was für ein schönes Geschenk!

3 ALLES KOPFSACHE!

»Wer denkt, Abenteuer seien gefährlich,
sollte es mal mit Routine versuchen:
Die ist tödlich.«

*Paulo Coelho (*1947)*

Sri Lanka. Ankunft nach zwölf Stunden Flug um drei Uhr morgens in Colombo. Die Kollegen sind schon in einem Hotel an der Küste, ich bin mit der Maskenbildnerin nachgereist. Raus aus dem Flughafen, Taxi suchen. Sofort spricht uns ein junger Singhalese an: »*Taxi? Come with me.*« Wir sind todmüde und erschöpft, dankbar nehmen wir das Angebot an. »*To Colombo Beach Hotel, please.*« – »*Yes, Yes.*« Der Mann schnappt einen unserer Koffer und düst los. Wir hinterher. Raus aus der Menschenmenge, in eine Seitenstraße hinein. Die hell beleuchtete Zone mit den blank geputzten Taxis liegt auf einmal hinter uns. Wir laufen über einen holprigen Schotterweg auf einen schummrig beleuchteten Parkplatz zu. Weit und breit kein Taxizeichen. Uns wird mulmig. »*Do you really have a taxi?*«, frage ich. Ein lahmer Versuch, die Situation zu klären. Als ob jemand, der Böses im Schilde führt, zugeben würde, dass er zwei übermüdete Touristinnen ausrauben will oder Schlimmeres vorhat. »*Yes, yes, I have car.*« Aha. Wir stolpern weiter hinter dem jungen Mann her. Der wuselt um ein paar Autos herum. Dann klopft er an die Frontscheibe eines Minivans und zerrt einen sichtlich verschlafenen Kollegen von der Rückbank. Bevor wir protestieren können, hat unser selbst ernannter Guide unsere Koffer eingeladen und seinen schlaftrunkenen, schmächtigen Kollegen ans Steuer geschubst. Es folgt eine für uns unverständliche Diskussion. Wir sind von alldem so überrumpelt, dass wir noch nicht einmal unsere Fluchtmöglichkeiten abwägen. Wie Lämmer zur Schlachtbank lassen wir uns von dem Mann ins Auto bugsieren. Zack, die Schiebetür knallt zu, wir fahren los. Die ganze Aktion vom Ausgang des Flughafens bis hierher hat keine drei Minuten gedauert.

Endlich kommen wir zur Besinnung. Uns dämmert: Genau dies ist die Situation, vor der immer gewarnt wird. Höflich versuche ich mit unserem unfreiwilligen Fahrer ins Gespräch zu kommen. »*Do you know where to go?*« Weiß er überhaupt, wo es hingeht? – »*Sorry, sorry, no englis.*« Hmm. Mitten in der Nacht sind unsere Kollegen nicht zu erreichen, da müssen wir jetzt alleine durch. Zum Glück sind wir zu zweit. Nach zwanzig Minuten Fahrt entlang der Küste biegen wir in eine kaum beleuchtete Nebenstraße ab, die ins Landesinnere führt. Dabei liegt unser Hotel doch direkt am Meer! Mein Herz klopft bis zum Hals. Selbst meine resolute Kollegin sieht sorgenvoll aus. Das Kopfkino sendet düstere Bilder: fremdes Land, fremdes Auto, fremder Mensch, fremde Sprache, stockdunkle Nacht. Es ist ganz still im Auto.

Ich versuche, meinen Ängsten und Vorurteilen gegenzusteuern. Ich habe schon so viel auf Reisen erlebt. Nie ist etwas wirklich Schlimmes passiert. Der Wagen holpert weiter über schlechte, dunkle Straßen. Müssten wir nicht längst da sein? Ich würde gerne unsere Position mit meinem Smartphone überprüfen, doch es gibt kein Netz. Nach einer Ewigkeit biegt unser Fahrer wieder auf eine größere Straße ein. In gleißendes Licht getaucht. Und dann sehen wir auch wieder das Meer. Hotel reiht sich an Hotel. Wir fahren eine einladende Auffahrt hoch und verheißungsvoll leuchtet der Name unseres Hotels. Puh! Riesige Erleichterung – und ein schlechtes Gewissen. Was hatte ich unserem armen Fahrer zwischenzeitlich alles unterstellt! So bin ich doch eigentlich gar nicht. Es ist erschreckend, wie schnell der Glaube an das Gute im Menschen schwindet, wenn man sich unsicher fühlt. Wir drücken dem Fahrer ein gutes Trinkgeld in die Hand. Als meine Kollegin und ich uns dankbar und hundemüde zur Rezeption schleppen, nehme ich mir fest vor, mich nicht mehr so schnell von diffusen Ängsten beherrschen zu lassen.

Für mich ist es eine ganz einfache Gleichung: Wer auf Vertrauen statt Misstrauen setzt, kommt besser durchs Leben. Natürlich will ich nicht kopflos sein und mich – oder andere – unnötig in Schwierigkeiten stürzen. Ein bisschen Wachsamkeit und gesunder Menschenverstand reichen aber oft aus, damit man entspannt die Dinge auf sich zukommen lassen kann. Um in unvorhergesehenen und unbekannten Situationen auf den Boden der Tatsachen zurückzukommen, hilft mir auch ein altbekanntes Mittel. Ich male mir den Worst Case aus: Was ist das Schlimmste, was passieren könnte? Meist kommt heraus, dass es so wild nicht werden kann. Als ich 2016 zusammen mit dem britischen Stargeiger Daniel Hope das Finale des Wettbewerbs junger Talente der klassischen Musik, den »Eurovision Young Musicians«, moderieren sollte, hatte ich richtig Muffensausen. Die Veranstaltung würde auf einer riesigen Bühne vor Hunderten von Zuschauern auf der Kölner

Domplatte stattfinden und in zehn europäische Länder übertragen werden. Live! Auf Englisch! Meine Aufgabe war es unter anderem, Lockerheit in die Veranstaltung zu bringen und so für die klassische Musik zu werben. Natürlich hatte ich große Lust auf meinen Auftritt. Aber ich konnte auch nächtelang kaum schlafen und machte mir Stress. »Du bist ja verrückt! Warum hast du bloß zugesagt?« Da half nur systematisches Vorgehen: Traute ich mir zu, diese Aufgabe zu bewältigen? Ganz klar: Ja! Ich wusste, dass ich nicht wie paralysiert auf der Bühne stehen und kein Wort herausbekommen würde. Dass ich zu hundert Prozent Blödsinn schwafle, war auch nicht zu erwarten, denn ich bin mit klassischer Musik aufgewachsen und Englisch sprechen kann ich auch ganz gut. Meine Texte würden gut recherchiert sein und sie würden direkt aus dem Herzen kommen. Blieb nur noch die Sorge, dass ich auf offener Bühne mit meinen mörderisch hohen Schuhen über den Saum meines langen Abendkleides stolpere und der Länge nach hinfalle. Aber selbst das hätte ich knapp überlebt. Diese Überlegungen halfen. Und gute Vorbereitung natürlich. Ich hatte zwar immer noch ein Mords-Lampenfieber, aber die Schreckensbilder im Kopf verblassten und die Vorfreude stieg. Der Abend wurde schließlich ein voller Erfolg und ich war richtig froh, dass ich meine Komfortzone verlassen und den Live-Auftritt gewagt hatte.

Manchmal geht natürlich auch wirklich etwas schief. So ein »kleines Scheitern« passiert dauernd. Dann heißt es: das Beste draus machen. Als wir die Sendung über die Liparischen Inseln drehten, einer Handvoll winziger Inselchen vor der Nordküste Siziliens, war wie so oft ein Teil des Teams vorausgefahren, um schon Landschaftsaufnahmen zu machen. Wie in Sri Lanka reiste ich auch jetzt wieder mit der Maskenbildnerin einen Tag später nach, gleich am Nachmittag sollten die ersten Aufnahmen mit mir starten. Alles war perfekt geplant. Es war eine herrliche Fahrt. Auf der Fähre von Messina über das tiefblaue Mittelmeer hatten wir beide viel Zeit, uns über Sizilien, die Mittelmeer-Küche und den schönen Anblick der Inselchen, die am Horizont auftauchten, zu unterhalten. Sich bei einem angeregten Gespräch von der Sonne wärmen und sich den Wind um die Nase wehen zu lassen – herrlich! Auf einmal hörte ich am Rumpeln der Motoren, dass das Schiff schon in den Hafen einfuhr. Wir hatten uns verquatscht! Reflexartig sprangen wir auf, rafften unser Gepäck zusammen und konnten gerade noch an Land springen, bevor die Fähre wieder ablegte. Geschafft! Aber wo waren die Kollegen? Sie wollten uns doch vom Schiff abholen! Es wirkte auch alles so merkwürdig klein hier, gar nicht so, wie ich mir den Hauptort der Liparischen Inseln vorgestellt hatte. Und warum stand auf dem Schild dort drüben »Volcano«, wenn wir doch auf Lipari waren? Die Erkenntnis kam nur häppchenweise: Wir waren eine Station zu früh ausgestiegen! Der Hafen gehörte zum Inselchen Volcano, nicht zu Lipari, wo das Team auf uns wartete. O Gott! Weiche Knie, flauer Magen. Aber es war zu spät, verzweifelt schauten wir dem Heck der Fähre nach, die fröhlich auf Lipari zustampfte. Da ging es der »Reiseexpertin« genauso wie allen anderen Menschen auch: Im ersten Moment war ich völlig verloren. Was jetzt? Italienisch beherrsche ich nur rudimentär, es war auch niemand da, den wir hätten fragen können, wann die nächste Fähre nach Lipari fährt. Die paar Passagiere, die mit uns ausgestiegen waren, waren verschwunden, der Hafen wie ausgestorben. Nur ein paar Möwen dümpelten träge auf den Wellen. Es dauerte ein paar Schreckmomente, bis wir uns gefangen hatten und endlich wieder in die Gänge kamen. Rumstehen und jammern bringt ja nichts. Erst mal ins nächste Café. Bestimmt sind da Leute, die helfen können. Da saßen sie schon, schmunzelnd, weil sie unser Malheur natürlich von ihren Logenplätzen aus beobachtet hatten. Zwei perfekte italienische Espressi und je ein Glas Wasser standen schon für uns auf der Theke. Da ging es uns bereits bedeutend besser. Einer der Einwohner sprach gebrochen Englisch. Wunderbar! Wieder ein Problem gelöst. Er sagte uns, dass kurze Zeit später eine weitere Katamaran-Fähre kommen würde. Was für ein Dusel! Und um unser Glück vollkommen zu machen, war der Wind auch nicht allzu stark. Auf den Liparischen Inseln ist es nämlich so: Ab einem bestimmten Wellengang können die Fähren nicht anlegen. Das ist gar nicht so selten. Wer die Inseln besucht, muss deshalb Zeit mitbringen. Viele Touristen haben ihren Flieger schon verpasst, weil sie nicht zurück aufs Festland kamen. Manchmal sitzt man sogar über Tage fest!

So viel Glück im Unglück! Mit nur zwei Stunden Verspätung kamen wir auf Lipari an. Das hätte auch ganz anders ausgehen können. Natürlich musste ich mir einiges von den Kollegen anhören. »Mensch, Tamina, da schickt man dich mal alleine los und prompt verläufst du dich!« Ich lachte mit. Die Frotzeleien waren ja nur allzu berechtigt. Unterm Strich war alles gut gegangen. Der ungeplante Zwischenstopp auf Volcano hatte zwar den Drehplan ganz schön durcheinandergewirbelt, aber wir hatten alles auffangen können. Es ist wie ein Naturgesetz: Irgendwie geht es immer weiter. Nach dem ersten Schreckmoment heißt es, sich zu sammeln und Plan B zu organisieren. Ich finde, das geht am besten mit positivem Blick. Dass mir der manchmal trotzdem abhandenkommt und mit welch einfachen Mitteln er wieder zu mir findet, davon erzählt die nächste Geschichte.

Das Sauerland ist landschaftlich eine geradezu magische Gegend. In einer anderen Hinsicht allerdings auch: Die Wege sind hier doppelt so lang wie anderswo. Für eine Strecke, die auf der Karte nach einer zehnminütigen Autofahrt aussieht, ist man gerne eine knappe Stunde unterwegs. Selbst nach ein paar Drehtagen hatten wir den Bogen noch nicht raus und waren dauernd zeitlich im Verzug. Auch zu unserer Verabredung mit einem Bildhauer, der mit seiner Kettensäge Eisskulpturen herstellt, kamen wir viel zu spät. Peinlich! Von den geplanten zweieinhalb Stunden waren nur noch knapp eineinhalb übrig. Ich war sowieso schon etwas müde und ausgelaugt vom ständigen Zeitstress. Umso anstrengender ist es, entspannt mit den Menschen zu plaudern, die in der Sendung etwas zu erzählen haben. Auch besteht ein wichtiger Teil meiner Arbeit darin, noch bevor gedreht wird, meinen Gesprächspartnern ihre Hemmungen zu nehmen und dafür zu sorgen, dass sie sich wohlfühlen. Sie stehen ja meist zum ersten Mal vor der Kamera. Dieser Teil des Gesprächs würde nun sehr kurz ausfallen müssen. Ich muss zugeben: An diesem Tag hatte ich nur noch das Ziel, das Interview irgendwie mit Anstand zu überstehen. Und dann schnell weiter zum nächsten Termin, der uns schon im Nacken saß. Automatisch ging ich davon aus, dass auch die Familie des Bildhauers die Geschichte hinter sich bringen wollte. Was für eine Zumutung für sie! Da fällt ein achtköpfiges Drehteam bei ihnen ein, sie kommen auch noch viel zu spät, es ist eiskalt … die mussten doch einfach nur froh sein, wenn die Kavalkade wieder weg war und sie wieder ihre Ruhe haben würden, oder?

Es kam aber ganz anders. Der Bildhauer machte seine Sache großartig und wir hatten die Bilder unerwartet schnell im Kasten. Da kam seine Frau aus dem Haus und lud uns auf einen Kaffee ein. Dankend lehnten wir ab und sagten, dass wir uns lieber wieder auf den Weg machen würden. Fast wären wir auch gleich in die Autos gestiegen und losgedüst. Doch wie so oft kam uns ein menschliches Bedürfnis in die Quere. Einige von uns wollten lieber noch mal aufs Klo gehen, bevor es eine weitere Stunde durch das winterliche Sauerland zur nächsten Etappe gehen sollte. Also Jacken aus, rein in die gute Stube. Acht Paar derbe Schuhe trampelten in der picobello aufgeräumten Wohnküche herum und verteilten haufenweise Schneematsch. Auch das noch! Meine Stimmung fiel auf den Nullpunkt. Während wir dann einer nach dem anderen die Toilette benutzten, fuhr die Hausfrau selbst gebackenen Kuchen auf, im Hintergrund blubberte die Kaffeemaschine. Und schon saßen wir alle am mit Wachstuch bedeckten Küchentisch, vor uns köstlicher Kuchen und herrlich heißer Kaffee. Das war nicht vorbereitet, sondern ganz spontan zusammengestellt. Die Familie brachte einfach auf den Tisch, was die Speisekammer hergab. Auf einmal fielen die Hektik und die miese Stimmung von mir ab. Hier waren sehr bodenständig lebende Menschen, die wildfremde Leute extrem gastfreundlich und unkompliziert bewirteten. Was für ein Geschenk! Die zwanzig Minuten am Küchentisch haben uns alle geerdet. Guter Dinge und fröhlich winkend ging es weiter zum nächsten Termin.

Nicht die langen Wege, das eiskalte Wetter, das ewige Zuspätkommen hatten den Tag so grau gemacht. *Ich selbst* war das Problem gewesen. Ja, stimmt, wir standen unter Zeitdruck. Aber es kommt immer darauf an, was man daraus macht. Nur weil ich selbst auf »Augen zu und durch« gepolt war, hatte ich meine Stimmung auf unsere Gastgeber übertragen und war davon ausgegangen, dass sie uns möglichst schnell wieder loswerden wollten. Wenn es nach mir gegangen wäre, hätten wir eine bereichernde Zeit mit herzlichen und großzügigen Menschen verpasst. Außerdem hätten wir uns nur weiter abgehetzt, wären immer gestresster geworden. Der Sendung hätte das bestimmt nicht gutgetan. Die freundlichen Sauerländer hatten uns aber eine goldene Brücke gebaut, sodass wir sagen konnten: »So. Jetzt nehmen wir mal für ein paar Minuten das Tempo raus.« Und auf einmal war der Raum wieder da, mich auf Menschen einzulassen. Ich fühlte mich wie ein Kreisel, der ins Trudeln gekommen war und nun wieder rundlief. Eine schöne Erfahrung!

Mein Job besteht nicht darin, in netter Begleitung und an tollen Orten einen leckeren Cappuccino zu trinken – auch wenn es manchmal den Anschein hat. Es gehört viel dazu, vier, fünf, sechs Drehtage durchgehend in derselben Intensität präsent zu sein. Wäre mein Interesse an Menschen und meine Freude am Gegenüber nur gespielt, könnte ich meinen Job nicht lange durchhalten. Schnell wäre ich zu ausgelaugt, um den Kleinbauern zu fragen: »Und wie heißt die Ziege?« Mein Interesse authentisch rüberzubringen kann auch ganz schön anstrengend sein. Doch als Profi kann ich es mir nicht leisten, vor der Kamera müde oder verärgert zu sein. Ich wundere mich oft selber, wie wenig man am fertigen Film merkt, wenn etwas im Vorfeld schiefgelaufen ist. Das ist fast schon erschreckend. Andererseits macht es mich auch ein wenig stolz. Denn so weiß ich, dass ich den Zugang zu meiner Neugier auch dann finde, wenn ich durch negative Gefühle abgelenkt bin.

Ähnlich geht es mir, wenn zum Beispiel die spontanfreundliche Begrüßung meines nächsten Gesprächspartners aus technischen Gründen mehrmals wiederholt werden muss. Würde ich, wenn ich zum Bauern auf den Trecker steige, ihm jedes Mal ein wenig knapper und unfreundlicher mein »Hallo! Wie schön, dass Sie mich mitnehmen!« entgegenschmettern und wäre ich beim dritten Mal sichtbar genervt, dann hätte ich meinen Beruf verfehlt. Der Trick ist, das Gefühl des ersten Mals so lange in mir zu konservieren, bis die Szene wirklich im Kasten ist. Noch einmal: Mit Schauspielerei hat das wenig zu tun, ich schlüpfe ja in keine andere Rolle. Für mich ist es reines Handwerk, jedes Mal gleich freundlich und zugewandt zu sein.

Als wir die erste Sendung über den Schwarzwald machten, wollte ich die Zuschauer zu mir nach Hause einladen. Ich wohne in Freiburg und meine Familie und ich verbringen viel Zeit in meinem Elternhaus, einem typischen Schwarzwaldhaus mit weitem Blick ins Tal. Jess Jochimsen, Freiburger Kabarettist, Autor und Fotograf, hatte mich in den Tagen zuvor auf unserer Tour begleitet. Wir haben uns super verstanden. So saßen wir zum Schluss gemeinsam vor dem Haus, in dem ich aufgewachsen bin, und ließen die Reise ausklingen. Jess hatte seinen Sohn mitgebracht. Nun wünschte sich der Kameramann, dass ich die Treppe hinunter vors Haus kommen und dabei fröhlich-leicht sagen sollte: »So, hier bin ich zu Hause.« Er hatte eine aufwendige Einstellung geplant, ich erinnere mich, dass meine Spiegelung im Küchenfenster eine Rolle spielte. Am Tisch saßen Jess und sein Bub und tranken ein Glas Apfelsaft. Fünfmal hintereinander musste ich die Treppe runterlaufen und mein Sprüchlein aufsagen, bis der Kameramann zufrieden war. Mal war die Spiegelung nicht sichtbar, mal lief der Hund quer durchs Bild. Dann hatte der Bub sein Glas ausgetrunken, doch weil die Szene danach schon abgefilmt war – mit vollem Apfelsaftglas –, hätte sich ein sogenannter Anschlussfehler ergeben. Meine Mutter, die sich im Hintergrund hielt und zum ersten Mal Dreharbeiten hautnah mitbekam, war fassungslos! Ich kann sie gut verstehen, von außen gesehen können die ständigen Wiederholungen wirklich total lächerlich wirken.

Dabei geht das doch fast jedem so! Ob im Job oder im Privatleben – ein Großteil der täglichen Arbeit sind immer dieselben Dinge, die erledigt werden wollen. Brötchen verkaufen, den Patienten bitten: »Sagen Sie mal Aaaah!«, die Kinder für die Schule fertig machen. Tag für Tag dasselbe. Und immer mit Engagement und Hingabe. Manchmal sogar unter erschwerten Bedingungen. Die Waschmaschine ist gerade kaputtgegangen und das Badezimmer steht unter Wasser. Und dann kommen die Kinder nach Haus und wollen ein leckeres Mittagessen. Nicht immer einfach! Da hilft es sehr, sich im Alltag Ruheinseln zu suchen und sich etwas Gutes zu tun.

Eine meiner Ruheinseln im Job ist wie bei vielen Kollegen auch die Zeit in der Maske. Bei der Reihe »2 für 300« muss ich mit dem Schminken alleine zurechtkommen, da gibt das schmale Budget ein weiteres Teammitglied nicht her. Doch für die aufwendigere »Wunderschön!«-Sendereihe geht ein Maskenbildner mit auf Tour. Was für eine Wohltat für mich und das gesamte Team! Moment mal! Warum denn für das ganze Team? Der Kameramann wird doch nicht aufgehübscht? Hier ein kurzer Exkurs zum Thema Maskenbildner. Teilweise sind es fertig ausgebildete Friseure, die dann die äußerst vielseitige Maskenbildner-Ausbildung draufgesattelt haben. Während ein Visagist sich nur mit dem Gesicht beschäftigt, können Maskenbildner noch viel mehr: Sie knüpfen Perücken, verunstalten mit medizinischen Kenntnissen Leute für Krimis, stellen Latex-Masken her, wissen genau, wie ein Make-up in den Fünfzigern und wie es in den Achtzigern ausgesehen hat, und vieles mehr. Maskenbildner sorgen aber nicht nur für den perfekten Auftritt ihrer Schutzbefohlenen. Sie sind auch noch auf eine ganz andere Weise eine große Bereicherung des Teams. Das fängt mit kleinen Hilfeleistungen an, mal tragen sie ein Stativ, mal fahren sie das zweite Auto, mal organisieren sie ein paar Brötchen, wenn die Zeit für eine richtige Mittagspause zu kurz ist. Vor allem aber sorgen sie für gute Stimmung. Denn um in diesem Beruf gut zu sein, muss man Menschen mögen und empathisch sein. Einem Maskenbildner kann man sich bedenkenlos anvertrauen. Wenn ich vor einem kniffligen Interview stehe, kann ich zum Beispiel fragen: »Soll ich das und das sagen?

Oder lieber nicht?« Es ist wie bei einem guten Friseur – der schneidet ja auch nicht nur die Haare, sondern arbeitet als Mentalcoach. Bei den ersten Sendungen für den WDR war ich noch ziemlich nervös. Die Maskenbildnerin, die damals mit dabei war, merkte das natürlich sofort. Und weil sie zugehört hatte, wusste sie, dass ich klassische Musik liebe. Sie ließ im Hintergrund leise ein Präludium von Bach laufen. Was für eine Wohltat! Ich fühlte mich abgeschirmt, unterstützt, motiviert. Während sie sich mit ruhiger Hand um meine Haare kümmerte, fiel es mir wieder leichter, positiv in die Welt zu sehen.

Einen großen Nachteil hat der Beruf allerdings: Ein Maskenbildner muss früh aufstehen. Wenn ich morgens um halb sechs verschlafen im Hotelzimmer sitze, ist er schon hellwach. Weil meine langen, lockigen Haare machen, was sie wollen, dreht er meist Strähne für Strähne ein, sodass sie den Tag über in Form bleiben. Ich selbst könnte das gar nicht machen, da wäre ich um zehn Uhr noch nicht fertig und außerdem würden mir die Arme abfallen. Das ist übrigens der Grund, warum ich bei »2 für 300« – ohne Maskenbildner – immer etwas windzerzaust aussehe.

Dann kommt das Make-up – »Wir machen ja schließlich nicht Hörfunk, sondern Fernsehen« ist unter Maskenbildnern ein stehender Ausdruck. Oder auch: »Wir wollen ja den Zuschauer nicht vom Sofa vertreiben.« Manchmal geht der Schuss auch nach hinten los. Für eine der ersten WDR-Sendungen fuhren wir nach Teneriffa. Der Maskenbildner, der mit dabei war, arbeitete normalerweise im Studio, wo das starke künstliche Licht viel Farbe wegschluckt. Er hatte meine Haare aufs Herrlichste hergerichtet und dann für das Make-up ordentlich in den Farbtopf gelangt. Mein Gesicht und vor allem der liebevoll aufgetragene, sehr dominante Lippenstift leuchteten hundert Meter weit. Mein Look hätte zu einem dramatischen Auftritt an einem Premierenabend gepasst, aber nicht auf ein wild schaukelndes Whale-Watching-Boot vor Teneriffas Küste. Umgeben von ganz normalen, sonnengebräunten, entspannten Urlaubern, sah ich ziemlich fehl am Platz aus. Man lernt eben immer dazu. Heute weiß ich: Wenn die Reaktion des Teams lautet: »Oh, die Tamina ist aber schön geschminkt!«, dann ist es schon zu viel. Zum Glück ist das danach nur noch selten passiert. Auf das Können der Vielseitigkeits-Helden kann man sich eben verlassen.

So viel zum segensreichen Tun der Maskenbildner. Und weiter im Text mit der positiven Einstellung dem Leben gegenüber. Es ist nicht so, dass das Schicksal über einem das Füllhorn ausschüttet, wenn man nur positiv genug in die Welt schaut. Schicksalsschläge erleiden auch positiv eingestellte Menschen. Aber die fixieren sich eben nicht auf die Vorstellung, dass einem in der Zukunft – vielleicht – etwas Negatives entgegenkommt. Der Tag macht keinen großen Spaß, wenn ich morgens beim Aufstehen schon daran denken würde, dass vormittags ein blöder Termin ist, nachmittags die Fenster geputzt werden müssen und abends nichts Besonderes auf mich wartet. Lieber freue ich mich *jetzt* daran, dass die Sonne durch die Vorhänge scheint, die Luft nach frischer, warmer Erde riecht und die Vögel mit ihrem Gesang den Frühling ankündigen. Es ist die große Kunst, im »Hier und Jetzt« zu sein. Wie die Kinder. Das ist natürlich nichts Neues. Die Sache mit der Achtsamkeit haben weise Menschen seit Tausenden von

Jahren in ihrem Programm. Gerade in den letzten Jahren wird das Thema wieder besonders intensiv beackert – und auch mich fasziniert es sehr. Aber diese Einsichten umsetzen muss eben immer noch jeder für sich selbst. Bei mir klappt das manchmal schon ganz gut: Über die Wertschätzung der kleinen Dinge komme ich zur positiven Einschätzung der größeren Dinge. Deshalb lautet meine Lebenseinstellung: Mundwinkel hoch! Das wirkt von außen nach innen.

Leuchtendes Beispiel für diese Lebensauffassung ist Emmy Jensen, Pellwormer Urgestein und einer der beeindruckendsten Menschen, denen ich in den letzten Jahren begegnet bin. Die vielen alten Geschichten, die sie über ihre Heimat aufgeschrieben hat, vermitteln ein leuchtend buntes Bild des Insellebens. Sie hat auch ein Hörbuch herausgegeben, auf dem sie Platt spricht. Das hat sie mir geschenkt. Unglaublich, wie gut sie erzählen kann und wie gern man ihr zuhört. Meine beiden Kinder haben die CD längst für sich entdeckt und betteln immer wieder darum, sie anhören zu dürfen. Sie lieben die Geschichten, die Emmy Jensen erzählt, dabei können sie das Plattdeutsche kaum verstehen. Aber der Funke springt über, die kraftvolle Sprache lässt sie sich mittendrin fühlen.

Emmy war schon über achtzig, als ich sie kennenlernte. Schöner hätte es kein Drehbuch planen können. Ich war mit dem Rad herangeradelt und Emmy Jensen stand schon im Eingang ihres Hauses, die obere Hälfte der Tür aufgeklappt. Rundherum im Garten wucherten die Rosen. Es war so ein einladendes Bild! Ihr herzliches Willkommen machte allen gute Laune. Das ganze Team lud sie mit ins Haus ein. Als Erstes bot sie uns ein Bier an, was wir dankend ablehnten. »Wie, ihr wollt kein Bier? Noch nicht einmal die Männer? Um zehn Uhr vormittags?« Und dann sprudelte sie auch schon los, richtig herzerfrischend. Ein echtes Pellwormer Original mit toller Ausstrahlung – kein Wunder, dass sie auch »Nordlicht mit Krawumm« genannt wird. Auf ihrer Webseite steht unter der Rubrik Öffnungszeiten einfach nur: »Rinkieken kost nichts«. Genau das ist Emmy Jensen – klar, direkt, authentisch, dabei keine »liebe Oma«, sondern durchaus Respekt einflößend.

Ihr Leben ist alles andere als einfach gewesen. Schon als Kind wollte sie malen. In ihrer bäuerlich und praktisch geprägten Familie kam das nicht so gut an. Ihre Kreativität musste sie mit viel Energie und Durchhaltewillen verteidigen. Sie richtete sich ein kleines Atelier in ihrem Wohnzimmer ein und gibt noch heute Malkurse – damit bewegt sie sich weit außerhalb der Vorstellungswelt ihrer Familie. Aber Emmy Jensen ist nun mal nicht der Typ, der Grenzen akzeptiert. Sie setzte sich gegen alle Widerstände durch, hat nie Ruhe gegeben. Ihren Bootsführerschein machte sie mit Anfang sechzig, einen Holzbildhauerkurs mit zweiundachtzig. Viele Rückschläge und Tiefpunkte hat sie überstanden. Gut, dass ihr Mann sie sehr unterstützt hat. Mit ihm war sie fast sechzig Jahre glücklich verheiratet gewesen. Als wir bei ihr drehten, stellte sich heraus, dass er kurz zuvor überraschend gestorben war. Als wir einen Moment nur für uns hatten, ohne Kamera, saß ich mit ihr an ihrem Wohnzimmertisch, betrachtete die Fotos von Enkeln und Urenkeln und spürte, wie traurig sie der Verlust machte. Sie zeigte mir auch ein kleines Eckchen im Wohnzimmer, das sie wie einen Hausaltar gestaltet hatte. Da lag auch ein kleines Herz aus Holz, das ihr Mann ihr kurz vor seinem Tod geschenkt hatte. Es war ein ganz anrührender Moment. Aber Emmy Jensen würde sich niemals in die Knie zwingen lassen. Für ihre Mundwinkel gibt es nur eine Richtung: nach oben! So bleiben ihre Begeisterung, ihre Leidenschaft und ihre Lust auf Neues ungebrochen. Auch wenn es für sie nicht leicht ist, muss sie nicht lange nach Gründen suchen, warum es sich lohnt zu leben.

Auf einem Bänkchen auf dem Deich trug sie mir dann noch ein Gedicht auf Plattdeutsch vor. Ich hätte stundenlang dort mit ihr sitzen können. Was für ein tief befriedigendes Gefühl! Alles passte zusammen: die Frau, die Insel, die Geschichte, der norddeutsche Himmel ... Alles war so wahr und echt. Da war die Kamera schnell vergessen. Ich erinnerte mich daran, dass auch meine Großmutter aus Rendsburg mir und meinem Bruder früher plattdeutsch vorgelesen hat. Der Klang der Sprache gab mir ein Gefühl von zu Hause. Emmy Jensen hat in mir ganz viele Seelen-Ebenen gleichzeitig angesprochen. Ich musste vor laufender Kamera mühsam meine Tränen zurückhalten. Und nicht nur ich, das gesamte Team war ganz beseelt und beeindruckt von dem Treffen mit ihr. Menschen wie sie sind für mich der Beweis: Die Farben des Lebens kann man selbst bestimmen. Bunt oder Grau? Positiv sein oder verbittern? Es ist immer eine freie Entscheidung. Die trifft man allerdings nicht nur einmal im Leben, sondern immer wieder neu. Ich glaube, es ist nie zu spät, sich im Leben eine positive Einstellung anzueignen. Sie muss ja nicht perfekt sein. Auch ich habe meine Tagesform und es kann sein, dass ich mich einfach nicht nach positiver Einstellung fühle. Ich will auch nicht zu allem eine gute

Miene machen. Es gibt Grenzsituationen, in denen »Weglächeln« die falsche Wahl wäre. Es gibt keinen Grund, aus Prinzip misstrauisch zu sein. Aber wenn einem mal übel mitgespielt wird, dann sollte jeder seine Freiheit nutzen, entsprechend zu reagieren. Auch das ist Kopfsache: Wie weit willst du gehen? Wann ist deine Grenze erreicht?

In Andalusien fuhren wir zum Interview mit einem bekannten Torero. Die Kollegen hatten ihn schon kennengelernt und ein kleines Portrait gedreht, das ihn beim Training mit einem Jungstier zeigte. Weil der Stierkampf hierzulande aus gutem Grund sehr umstritten ist, wollten wir dem Torero Gelegenheit geben, im Interview zu erklären, was Stierkampf für ihn bedeutet. So wäre der Zuschauer umfassend informiert worden und er hätte sich eine eigene Meinung bilden können. Auch dieses Treffen hatte der Redakteur noch von Deutschland aus genau geplant und abgesprochen, alle Formalitäten waren erledigt. Andalusien ist sehr weitläufig und die stundenlange Fahrt mit dem Kleinbus auf der Landstraße war ziemlich mühsam. Endlich kamen wir am vereinbarten Treffpunkt an. Kameramann und Toningenieur bauten schon ihr Equipment auf und ich bereitete mich mental auf das Gespräch vor, da sprang auf einmal der Manager des Toreros auf uns zu. Er verlangte tausend Euro auf die Hand, sonst würde das Gespräch nicht stattfinden.

Ich finde es erstaunlich, dass manche Menschen glauben, Fernsehleute würden dicke Portemonnaies mit sich herumtragen. Vielleicht ist in grauer Vorzeit die finanzielle Ausstattung wirklich eine ganz andere gewesen. Doch solange ich dabei bin, und das sind über zwanzig Jahre, wird im öffentlich-rechtlichen Fernsehen sehr penibel auf Sparsamkeit geachtet. Als der übergriffige Typ meinte, mit uns verhandeln zu können, hatte er sich also zu hundert Prozent getäuscht. Leider ließ er sich nicht überzeugen, dass aus seinem Zubrot nichts werden würde. Es war eine unschöne Szene, im Hintergrund stand der nette Torero und sah ziemlich geknickt aus. Was sollten wir nur machen? Wir hatten einen ganzen Drehtag für das Interview geopfert, sollte das nun umsonst gewesen sein? Nach kurzer Beratung im Team brach der Redakteur das Gespräch ab. In Windeseile hatten wir abgebaut und saßen wieder im Van. Und tschüss. So hatte sich der Nimmersatt die Sache nicht vorgestellt. Aber es war zu spät. Zurück blieben der fassungslose Manager und der peinlich berührte Torero. Ich fand unsere Entscheidung absolut richtig. Klar, es steckte viel Arbeit in dem Kontakt drin. Und auch das vereinbarte Honorar war bereits überwiesen worden. Aber fünf Minuten vor Drehbeginn noch mal Nachschlag verlangen? So bitte nicht! Das kleine Portrait fand dann in gekürzter Form einen Platz im fertigen Film. Weil das Interview fehlte, sprach ich aus dem Off ein paar Sätze, um die Geschichte des Stierkampfes und seine heutige Bedeutung einzuordnen. Es war ganz anders als ursprünglich gedacht – aber es funktionierte auch so.

In manchen Ländern sind Absprachen tatsächlich nicht viel wert. Oft geht es gar nicht um Geld, sondern das Hierarchiegefüge ist so ausgelegt, dass auch noch der kleinste Beamte Macht ausüben und umschmeichelt werden will. Ist man an klare Absprachen gewöhnt, kann das ein richtiger Kulturschock sein, wenn es zwei, drei Runden braucht, bis die längst vorliegende Drehgenehmigung auch vom dritten Funktionär abgenickt wird. Manche Kollegen kommen gut damit klar – »Ach, so läuft das hier!« – und werden deshalb gerne in schwierige Regionen geschickt. Sie bleiben mit den Leuten im Gespräch und sorgen mit viel Geduld und Einfühlungsvermögen für einen guten Ausgang. Sie haben kein Problem damit, dass Menschen aus verschiedenen Kulturkreisen erst einmal eine gemeinsame Basis finden müssen, wenn sie zusammenarbeiten wollen. Dazu müssen sich *beide* Seiten bewegen. Für uns bedeutet das: Weil es in bestimmten Weltgegenden aus Prinzip nicht wie am Schnürchen läuft, wird Extra-Zeit für die Dreharbeiten eingeplant. Dann ist es keine Katastrophe, wenn ein vielköpfiges Team einen halben Tag am Flughafen herumsitzen muss, weil die Ausrüstung beim Zoll hängen geblieben ist. Die Zeit, um die Zollbeamten geduldig zum Einlenken und zur Freigabe des Gepäcks zu bewegen, ist zur Not in der Rechnung mit drin.

Man kann sich natürlich auch ärgern und sagen: »So kann ich nicht arbeiten.« Aber mit dieser Einstellung würde ich mir nur selbst den Weg verbauen, all die spannenden Facetten der Welt kennenzulernen. Mit zunehmender Erfahrung finde ich es immer weniger schlimm, wenn es anders kommt, als ich es mir vorstelle oder als es im Reiseführer steht. Der Schuh darf schon auch mal drücken. Das schärft die Wahrnehmung und fördert die Kreativität. Zumindest im Nachhinein wird das meist klar. Mittendrin fühle ich mich auch mal überfordert oder gestresst – doch ich bleibe dabei: Unangenehmes überstehen und daraus Kraft schöpfen, Vielfalt zulassen und genießen, wo es möglich ist – das ist das pralle Leben. Und das will ich nicht verpassen.

4 MIT BEIDEN BEINEN AUF DEM BODEN

»Je weiter ich reise,
desto näher komme ich an mich heran.«
*Andrew McCarthy (*1962)*

Endlich geht es los. Marta und ich sitzen im Flieger und genießen den Schub, der uns beim Start in die Sitze drückt. Auf diesen Moment haben wir beide lange hingefiebert. Das Abi liegt hinter uns. Auch der Sommer, in dem wir bis zur Erschöpfung geschuftet haben, um die Reise nach Indien zu finanzieren. Die Vorfreude auf unser Abenteuer hat uns in den vergangenen Monaten durch alle Mühsale getragen. Jetzt sind wir ganz aufgekratzt und frei im Kopf. Unsere Erwartungen sind himmelhoch: Wir werden uns vor authentischer Kulisse gegenseitig aus »Siddhartha« vorlesen, tiefsinnig philosophieren, in uralte Weisheiten über Körper und Geist eintauchen, ehrfürchtig heilige Tempelanlagen bestaunen. Indische Speisen! Meditation! Ayurveda! Fremde Götterwelten! Kurz gesagt: Indien wird uns erleuchten.

So hohe Erwartungen können nur enttäuscht werden? Nicht unbedingt, zumindest nicht in diesem Fall. Es wurde sogar noch viel schöner, als wir es uns erträumt hatten. Total erschöpft vom Flug traten Marta und ich mitten in der Nacht in Bombay aus dem klimatisierten Flughafen. Es war, als würden wir gegen eine Wand aus feuchter, heißer Luft laufen. Es haute uns fast von den Füßen und unsere riesigen, prall mit »Rei in der Tube«

und anderen überlebenswichtigen Dingen gefüllten Rucksäcke fühlten sich gleich noch ein paar Kilo schwerer an. Das Menschengewimmel! Das ständige Gehupe! Der Lärm, das Elend, die Gerüche, die Farben! Wir waren geflasht, überwältigt. Schon nach drei Minuten Indien war der Kulturschock perfekt. Es war herrlich! Wir übernachteten in abgeranzten Backpacker-Hostels, in denen es oft nur einen einzigen großen Schlafsaal gab, der durch Stellwände in kleine Verschläge aufgeteilt war. Über allem ein einziger, großer Ventilator, der die heiße Luft träge im Kreis bewegte, sodass es sich auf den Pritschen einigermaßen aushalten ließ. Auch die Waschgelegenheiten waren aufs Wesentliche reduziert. Einmal, als ich auf dem Klo saß, ist mir ein Frosch von unten an den Po gehopst – ein Gefühl, das ich wohl mein Leben lang nicht vergessen werde. Bis heute lebendig ist mir auch die Erfahrung, dass man mehrmals mit einem Holzschuh auf eine daumenlange Kakerlake einschlagen kann, bis es knackt, und sie dann immer noch davonhuscht. Gruselig!

Acht Wochen waren Marta und ich in Indien unterwegs. Hier gab es keinen Alltag und keine Routine, jeder Tag war neu und anders und sehr, sehr intensiv. Wie Schwämme saugten wir alles in uns auf. Nie ging uns der Gesprächsstoff aus. Wir mussten uns auch erst mal reingucken in die Körpersprache der Einheimischen. Und was bedeutete es wirklich, wenn uns jemand überschwänglich mitteilte: »*Yes, yes, no problem*«? In einem kleinen Städtchen im Landesinneren – es war ein ganz besonders heißer, hitzeflimmernder Tag – wurden Marta und ich gefragt, ob wir nicht in einem kleinen Pavillon übernachten wollten. Der

Preis war derselbe wie der für ein Bett in einem großen Schlafsaal. Hocherfreut nahmen wir das vermeintlich großzügige Angebot an. Das Zimmer war riesig, in der Mitte stand ein großes Doppelbett, an allen Seiten des Raumes sorgten die mit Holzgittern versehenen Maueröffnungen für ein wenig Luftzug. Ein Traum! Endlich Platz für uns allein und auch noch groß genug, dass wir uns so richtig ausbreiten konnten. Wir fühlten uns wie indische Prinzessinnen. Doch als wir uns überglücklich auf das mit einem grau-braunen Laken bedeckte Bett schmissen, wurde uns klar, was hinter der Sache steckte. Überall Flöhe. Hunderte! Es war ein einziges Flohgehopse. Das Laken war eigentlich weiß, der Grund für seine Farbe waren die kleinen Krabbeltierchen, die sich nun in Massen auf uns stürzten. In Windeseile klaubten wir unsere Sachen zusammen und rannten aus dem Zimmer. Es ist uns noch ein paar Mal passiert, dass man uns übers Ohr hauen wollte. Aber das haben wir nicht persönlich genommen. Es nervte nur ganz schön mit der Zeit. Unser Ton, anfangs noch fragend und kleinmädchenhaft lieb, wurde bestimmter. Wir lernten, bei aller Freundlichkeit und Aufgeschlossenheit, auch mal resolut zu sein. Das mussten wir auch, denn sonst wären wir in diesem Land untergegangen. Erstaunlich, wie schnell wir gelernt hatten, uns in haarigen Situationen durchzusetzen! Wer weiß, wie lange wir zu Hause in Deutschland für diesen wichtigen Entwicklungssprung gebraucht hätten. Es brauchte auch die Reise in diese fremde Kultur, damit wir wirklich begriffen, wie privilegiert wir hatten aufwachsen dürfen. In der Theorie war uns das natürlich klar gewesen. Doch es ist etwas ganz anderes, wenn man in der Realität sieht, erfährt und erlebt, was für ein Geschenk so ein behütetes, beschütztes und umsorgtes Leben ist. Umso mehr spürten wir die Verpflichtung, der Welt in unserem Leben etwas zurückzugeben.

Die völlig fremde Umgebung half mir auch, mich selbst zu entdecken und auszuloten. Bis zu meiner Reise nach Indien hatte es nicht viele mögliche Abzweigungen auf meinem Lebensweg gegeben. Ich hatte brav mein Soll erfüllt, das Abi war abgehakt. Die Reise nach Indien war der Startschuss für die ersten Schritte ins Unbekannte. Mein Weg würde nicht zurück in die Sicherheit des heimatlichen Nests führen; es gab kein Zurück als Kind ins Elternhaus. Das Bekannte, Sichere lag hinter mir, vor mir eine ungewisse Zukunft. Wo in der schier unendlichen Vielfalt der Möglichkeiten lag der richtige Weg für mich? Und wie sollte ich nur die richtigen Entscheidungen treffen, um diesen Weg zu gehen? Es war nicht so, dass die vielen Fragen, Sorgen und Erwartungen mir die Lebensfreude nahmen, aber mehr oder weniger an der Oberfläche begleitete mich das peinigende Gefühl: Ich darf jetzt keinen Fehler machen!

Eines Tages fuhren wir mit einem Tuktuk zu einem halb verfallenen Tempel im Nirgendwo, ein Geheimtipp. Wieder einmal war es ein sehr heißer Tag, wieder einmal wollte uns der Fahrer übers Ohr hauen. Aber mit beidem kamen wir mittlerweile gut klar. Kaum ein Mensch war in diesem Tempel, dessen Steine sich die Natur nach und nach zurückholte. Was für ein Segen, endlich mal ohne Menschengewimmel sein zu dürfen! Ohne dass wir es verabredet hätten, liefen Marta und ich jede für sich durch die Tempelanlage. Ich schaute mir die kunstvoll behauenen Steine an, die teilweise von üppiger Vegetation schon fast überwuchert waren. Schritt für Schritt trat ich in

Verbindung mit der jahrtausendealten Geschichte. Wie geschickt die Menschen gewesen waren, die diese Anlage gebaut hatten! Welche weisen Gedanken sie gehabt haben müssen! Wie vergänglich alles ist! Und jetzt lief ich kleine Tamina in Pumphose und T-Shirt über diese Steine, die diese Menschen vor so langer Zeit der Welt hinterlassen hatten. Und ich? Was steckt in mir? Welchen Platz will ich in der Welt mal einnehmen? Was hält sie für mich bereit und wie komme ich damit klar? Was werde ich beitragen? All diese Fragen hatten mich in den letzten Wochen umgetrieben. Hier im Tempel, so weit weg von zu Hause, verknüpfte sich vieles. Wie groß ist die Welt und *wie klein bin ich* im Angesicht der Schöpfung. Und gleichzeitig auch: *Wie wichtig bin ich!* Wie merkwürdig, dass beides gleichzeitig wahr ist! Zwischen den grün berankten Steinen kam mir auch zum ersten Mal eine Ahnung davon, dass ich im Leben auch Umwege gehen darf und dass falsche Entscheidungen einfach dazugehören. Es war ein Moment, der mir viel Kraft gegeben hat.

Ganz verloren in dem fremden Land fühlten Marta und ich uns nie, wir hatten ja uns. Und wir hatten einen groben Ablauf der Reise, den wir uns daheim erarbeitet hatten. Ein guter Freund meiner Familie leitete damals das Goethe-Institut in Madras. Er hatte uns in Freiburg besucht und Marta und mir bei der Planung der Reise mit seinem Rat zur Seite gestanden. Bei ihm durften wir dann auch ein paar Tage übernachten. Als er uns durch seine Stadt führte, merkte ich, wie toll es ist, wenn jemand die Besonderheiten des Ortes kundig und auf spannende Weise vermitteln kann. Ohne seine Hinweise wären wir an vielem blind vorbeigelaufen. Im Nachhinein gesehen war seine Führung durch Madras eines der vielen Mosaiksteinchen, die meinen heutigen Beruf als Bild ergeben.

Vieles hat für mich auf der Indienreise seinen Anfang genommen. Sie war wie ein Turbo, der meine Persönlichkeitsentwicklung vorantrieb. Weit weg von meiner Familie und vom Alltag lernte ich mich ganz neu kennen. Es ist nur scheinbar ein Widerspruch: Ich war fast ans andere Ende der Welt gefahren und fühlte mich, als ich wieder nach Deutschland kam, geerdeter als je zuvor.

Das Reisen lag mir schon von Kindheit an im Blut. In den Ferien fuhren meine Eltern mit meinem kleinen Bruder und mir meist mit unserem VW-Bus nach Jugoslawien, Griechenland oder Frankreich. Manchmal fuhr Marta als drittes Kind mit. Askan, unser gutmütiger und zugegebenermaßen etwas begriffsstutziger Leonberger, machte die Truppe komplett. Später war dann Bongo, ein Labrador-Mischling, bei unseren Fahrten mit dabei. Beide waren ausgesprochene Familienhunde. Wenn sie merkten, dass wir unsere Taschen packten, strichen sie in großer Sorge um den VW-Bus herum. Erst wenn sie dann auch wirklich bei der Abfahrt mit an Bord waren, entspannten sie sich und genossen so wie wir die Fahrt ins Abenteuer.

Wir fuhren einfach los – mal schauen, wo es hingeht. Zwei- und Vierbeiner spielten während der Fahrt auf der mit Matratzen ausgepolsterten Ladefläche, das mit dem Anschnallen nahm damals noch niemand ernst. Unsere Lebensweise unterwegs war einfach, schon allein, weil es nur wenig Platz für Gepäck gab. Geduscht wurde mit Wasser aus dem Kanister, zu essen gab es simple Köstlichkeiten wie Müsli, auf dem kleinen, fauchenden Campingkocher erwärmte Dosenravioli und manchmal frischen, selbst gefangenen Fisch. Zu meinen schönsten Reiseerinnerungen gehört das Ratschen des Reißverschlusses, wenn ich morgens aus dem hochgeklappten Dach des VW-Busses nach draußen schaute, um zu erfahren, wo wir am Abend zuvor in der Dämmerung gelandet waren. Mal ging der Blick auf einen stillen See, in dem sich der Wald am gegenüberliegenden Ufer spiegelte, mal auf eine Wiese an einem Berghang, mal auf einen Strand. Ich glaube, dass diese Familienreisen für mich der Urknall der Spontaneität waren. Die Entdeckerfreude und das Glück, sich überraschen zu lassen, wollte ich auch später immer wieder spüren.

Auch wenn es in unseren Breiten kaum mehr möglich ist, wild zu campen, muss man auf das Freiheitsgefühl nicht verzichten. Im letzten Winter ging es mit einer Freundin und den Kindern zum Schlittenfahren. Meine Freundin hat sich einen VW-Bus selbst ausgebaut, bei geöffneter Heckklappe konnten wir geschützt auf kleinen Stühlchen im Schnee sitzen. Es gab selbst gebackenen Blechkuchen und Kaffee aus echten Kaffeebechern. Was für ein Mehr an Wohlgefühl es doch bedeutet, nicht aus Einweg-Plastikbechern zu trinken! Die Kinder waren selig mit ihren Schlitten, heimlich und »unentdeckt« schlichen sie sich an den Bus heran, stibitzten Kuchen und Kakao und schleppten ihre Beute in die Schneehöhle, die sie sich gebaut hatten. Mit ganz kleinem Gepäck und ohne die große Welle zu machen, hatten wir einen Nachmittag lang maximales Feriengefühl von Freiheit und Abenteuer. Natürlich kann man auch ohne ausgebauten VW-Bus selbstbestimmt entscheiden, wo man sein möchte; ein wenig ausbrechen kann man immer. Auf einem Bauernhof ein Wochenende lang in einen anderen Takt kommen, drei Tage durch die Eifel gondeln, eine Städtereise machen – jeder Tapetenwechsel bringt Entspannung und gleichzeitig neue Anregungen. Ich mag es, wenn ich in mir das Tempel-Gefühl von damals wieder ein wenig aufleben lassen und mental abchecken kann: Wo stehe ich? Und wo will ich hin?

Ich glaube, die größten Entwicklungssprünge habe ich immer auf Reisen gemacht. Auch dann, wenn die Lektion nicht ganz so angenehm war, habe ich viel für mein Leben mitnehmen können. So wie bei meinem Schüleraustausch in den USA. Da war ich sechzehn Jahre alt und es war mein erster Flug. Meine Gastfamilie – Eltern, drei eigene und zwei adoptierte Kinder aus Vietnam – lebte in Ipswich, eine Stunde von Boston entfernt. Ihr Haus hieß *House of Peace*, dabei ging es bei ihnen ganz schön laut und wuselig zu. Aber das kannte ich ja schon. Auch bei uns im Schwarzwald war immer was los; am runden Esstisch wurden heiße Diskussionen ausgetragen. Nein, der Trubel in der amerikanischen Gastfamilie war kein Neuland für mich. Das Kontrastprogramm lief auf einem ganz anderen Kanal. In Freiburg war ich in der Klasse tonangebend. Und nun war ich auf einmal in einem fremden Land, in einer fremden Familie, hatte fremde Mitschüler, musste eine fremde Sprache sprechen. Ich wurde überall sehr freundlich aufgenommen, aber das war's dann auch. In Ipswich war ich nicht als Wortführerin anerkannt, sondern nur ein unbedeutendes Anhängsel. Ich erinnere mich an einen ganz besonderen Aha-Moment an einem der ersten Tage in der Highschool. Als ich hinten in der letzten

Klassenreihe auf einem Stuhl vor mich hin kippelte, kam mir auf einmal in den Sinn: »Ob ich hier bin oder nicht, ist fast allen Menschen in diesem Raum völlig egal.« Diese Feststellung erstaunte mich zutiefst. Zum ersten Mal war mir bewusst geworden, dass es im Leben auch ganz anders zugehen kann, als ich es gewohnt war. Dazu kam, dass ich mich damals in einer Phase befand, die optisch nicht sehr überzeugend war. Im Vergleich zu meinen perfekt gestylten Mitschülerinnen kam ich mir ganz schön zurückgeblieben vor. Die rasierten sich alle längst die Beine! Also besorgte ich mir das Nötige, um gleichzuziehen. Der Effekt war, dass meine Beine am nächsten Morgen von kleinen roten Punkten übersät waren. Mein Selbstversuch verschaffte mir keine Anerkennung, sondern wurde mit Augenverdrehen quittiert. Mir schwante, dass ich in der Klasse niemals Fuß fassen würde. Und so kam es auch. In meiner Gastfamilie bin ich nicht einsam gewesen, in der Highschool schon.

Das alles war für mich nicht immer erfreulich, aber auch nicht dramatisch. Ich sagte mir: »Okay, jetzt bin ich eben ganz auf mich allein gestellt.« Am Anfang war noch eine Portion Selbstmitleid dabei. Ich muss zugeben, diese ganz neue Rolle für mich hatte auch was Lustvolles, mit Hingabe hörte ich in meinem Zimmer triste Songs von Billy Joel und Leonard Cohen. Aber dauerhaftes Verkriechen in ein gefühltes Elend war nichts für mich. Dazu war ich von Haus aus doch zu selbstbewusst. Meine Selbstsicherheit – »Egal was passiert, ich bin ich« – hatte ich nach Amerika schon mitgebracht. Weil ich sie aber noch nie hatte austesten müssen, war mir gar nicht bewusst, dass sie so stark in mir schlummerte.

Es gab in meinem Leben natürlich noch weitere Entwicklungssprünge: der erste Freund, der erste Job, die erste eigene Wohnung … Mit jeder Klippe, die umschifft wird, wächst die Persönlichkeit und tritt gleichzeitig deutlicher zutage. Später im Leben wird es zwar bei den meisten etwas ruhiger, doch zu meinem großen Erstaunen – und meiner großen Freude – habe ich gemerkt, dass man sich auch als Erwachsener immer weiter entwickeln kann. Am besten gelingt mir das, wenn ich immer wieder das Gefühl des Anfangs in mir wecke und meine Wahrnehmungen nicht von Erwartungen überlagert sind. Auch mit vierzig ist die Persönlichkeit in Bewegung und ich kann mich selbst noch überraschen. Wie wunderschön! Ich hoffe, dass es für mich auch mit sechzig oder achtzig noch so manche Wendung gibt.

Die Reisen nach Amerika und Indien haben mein Selbstvertrauen gefestigt. Ich hätte es damals nicht so in Worte fassen können, aber heute weiß ich, dass sie wichtig waren, um mir zu zeigen, dass ich mich auf meine innere Stärke verlassen konnte. Mit ihr im Gepäck traute ich mir zu, immer und überall irgendwie zurechtzukommen. Diese Gewissheit hat mich nie mehr verlassen. Ich finde, am wertvollsten ist sie in ganz alltäglichen Situationen, in denen es nicht wie erwartet läuft.

Mitten in den Arbeiten an diesem Buch wurde ich von meinem Verlag zu einer Präsentation nach München eingeladen. Den Vertriebsmitarbeitern wurde das Herbstprogramm vorgestellt und ich durfte mich und das Buchprojekt dort präsentieren. Ich fuhr also morgens mit dem Zug von Freiburg los, umsteigen in Mannheim, und als ich am Münchner Hauptbahnhof ausstieg, merkte ich, dass ich stundenlang auf einem Kaugummi gesessen hatte. Das war so richtig eklig! Ich hatte natürlich nichts zum Wechseln mit, am selben Tag wollte ich ja wieder zurückfahren. Was jetzt? Verdruckst diesen wichtigen Termin durchstehen, peinlich darauf bedacht, dass die Bescherung hinten an den Oberschenkeln nicht so auffällt? Kam gar nicht infrage! Die nächste Einkaufsgelegenheit war ein C&A-Laden, dort besorgte ich mir in Rekordzeit eine neue Hose und raste weiter in den Verlag. Mit ein paar Minuten Verspätung kam ich an, entschuldigte mich für mein Zuspätkommen und die nicht ganz passende Hose, erzählte die skurrile Kaugummigeschichte – und hatte sofort die Lacher auf meiner Seite.

Als ich nach der Indienreise anfing, in Freiburg Geschichte und Anglistik auf Lehramt zu studieren, hatte ich bereits viel über mich und über die Welt gelernt – aber ich musste noch vieles ausprobieren, bis ich wenigstens so ungefähr wusste, was wirklich zu mir passt und was gut für mich ist. Ich wollte zum Beispiel unbedingt ein dreimonatiges Praktikum am New Yorker Goethe-Institut machen. Das Renommée dieser Institution übte eine große Anziehungskraft auf mich aus und ein Job dort schien mir das Erstrebenswerteste überhaupt zu sein. Und warum New York? Dazu komme ich gleich. Ich schrieb viele Briefe und musste lange betteln, bis ich endlich eine Zusage bekam. Zwölf Wochen lang bestand meine Aufgabe darin, kulturell relevantes Material für den Deutschunterricht an Schulen zusammenzustellen. Eine tolle, anspruchsvolle Zeit. Aber ich merkte, dass Büroarbeit nicht so nah am Leben dran ist, wie ich es gern gehabt hätte. Nach den drei Monaten konnte ich diesen Lebensplan getrost abhaken.

Aus New York kam ich sogar doppelt geläutert zurück, denn dort war auch meine Beziehung zu meinem damaligen Freund zu Ende gegangen. Er hatte in New York ein Auslandssemester gemacht, sodass wir zusammen in einer winzigen Wohnung wohnen konnten. Eines Tages trafen wir in einer Videothek Laetitia Casta, damals eines der weltweit bekanntesten Models. Sie und ihr rasta-gelockter Begleiter standen direkt neben uns. Eine nette kleine Episode für mich. Doch mein Freund bekam sich gar nicht mehr ein. »Das war Laetitia Casta! Echt! Die war das!« Tagelang sprach er fast nur von dieser Begegnung. »Was für eine Traumfrau!« Mir wurde das langsam zu viel. Ich glaube, wenn wir George Clooney begegnet wären, hätte ich nicht so viel Wind darum gemacht. Ich wunderte mich, aber dann vergaß ich die Sache. Fast. Denn kurze Zeit später fand ich ein Heft, in dem er die zufällige Begegnung in allen Einzelheiten beschrieb. Bitter, dass da auch stand: »Wann finde ich endlich die Frau meines Lebens?«

Es gab noch einige Stationen auf meinem Lebensweg, bei denen sich herausstellte, dass sie doch noch nicht das Richtige für mich gewesen waren. Eine davon war mein erster Full-Time-Job beim Fernsehen. 1999 stand ich an der Uni kurz vor der Abschlussprüfung, da erreichte mich ein Angebot von ProSieben. Für die Neuauflage der Serie »Die Reporter« – dieses Mal unter der Führung von Focus TV – wurden junge, frische, neugierige und authentische Reporterinnen und Reporter gesucht. Und ich sollte eine von ihnen sein. Eine Riesenchance für mich! Ich fand die Medienwelt spannend, parallel zum Studium hatte ich ja schon Fernseherfahrung sammeln können. Und es zeichnete sich ab, dass ich nicht Lehrerin werden, sondern weiter Fernsehen machen wollte. Aber so kurz vor der Abschlussprüfung das Studium auf Eis legen? War das klug? Ich diskutierte leidenschaftlich mit Familie und Freunden, aber eigentlich war mir schnell klar gewesen, dass ich den Sprung wagen wollte. Diese Chance konnte ich nicht an mir vorüberziehen lassen! Lieber etwas bereuen, das man getan hat, als es erst gar nicht versucht zu haben. Also zog ich von Köln in die Münchener WG meiner Freundin Ziska. Wow! Ich war jetzt fest angestellte Reporterin beim Fernsehen! Wir waren ein Team von neun jungen Menschen. Morgens gingen wir in die Redaktion und beackerten mehr oder weniger aktuelle Themen nach dem Motto »Immer mit dem Finger in die Wunde!«. Jedem von uns war ein Producer zur Seite gestellt. Zu zweit sorgten wir dafür, dass wir am Ende eines oder mehrerer Drehtage eine fertige Reportage liefern konnten.

Wenn uns zum Beispiel zugetragen worden war, dass irgendwo ein Vermieter von seinem neuen Mieter eine Maklergebühr eingeheimst hatte, standen wir ohne Vorankündigung bei ihm auf der Matte und hielten ihm Kamera und Mikrofon vor die Nase. Die Täter sollten demaskiert und der Öffentlichkeit preisgegeben werden. Natürlich finde ich es ganz wichtig, dass Missstände aufgedeckt werden. Und dass genau recherchiert und umfassend aufgeklärt wird. Ganz klar: Ein Vermieter darf keine Maklergebühr einsacken. Mein persönlicher Stil wäre aber ein ganz anderer gewesen. Weniger distanzlos und mit mehr Respekt und Anstand. Ich hätte dem gierigen Vermieter vielleicht erst einmal Gelegenheit gegeben, das widerrechtlich eingenommene Geld zurückzuzahlen. Mag sein, dass es schlimme Bösewichter gibt, die schweres Geschütz brauchen, damit sie wieder zur Gesetzestreue finden. Aber bei einem Vermieter, der selbst in einer dunklen, engen Wohnung an einem dunklen, engen Flur wohnt, steht die Frage im Raum, ob das übergriffige Vorgehen des Reporters im Verhältnis zur Verfehlung steht.

In der Sendereihe ging es neben Aufklärung und Information um plakative Unterhaltung. Wir sollten aufdecken, entlarven, Menschen vor laufender Kamera konfrontieren. Im Nachhinein ist mir klar, dass so auch latente Vorurteile bestätigt und Misstrauen kultiviert wurden. Formate wie dieses steckten damals noch in den Kinderschuhen, da gibt es heute ganz andere Kaliber. Bei »Focus TV – Die Reporter« gab es zum Glück auch schöne Storys und nette Themen, Strandsegeln auf Terschelling zum Beispiel. Bei solchen Reportagen war ich in meinem Element. Doch es gab eben auch die Tage, an denen ich neben einem Auto mit blutverschmiertem Loch in der Windschutzscheibe stand, in dem die Fahrerin gestorben war, weil jemand von der Autobahnbrücke einen Stein heruntergeworfen hatte. In rasendem Tempo war ich mit dem Team zum Unfallort gefahren, um die Situation und O-Töne der Beteiligten einzufangen, solange sie noch unter Schock standen. Da stand ich vor der Kamera, hatte mir schon einen reißerischen Text zurechtgelegt und dachte nur noch: »Hier will ich doch gar nicht sein!« Aber Konsequenzen habe ich nicht gezogen.

Ich war 25 Jahre alt, die Jüngste im Team und wollte alles richtig machen. Mehr noch: Ich wollte die besten Geschichten mit in die Redaktion bringen. Doch oft bekam ich in den Teamrunden zu hören: »Tamina, du bist zu nett, du musst noch taffer sein!« Also wollte ich abgebrühter werden, mehr Biss entwickeln. Mit Grausen erinnere ich mich an den Tag, als ich mit versteckter Kamera aufdecken sollte, dass in Restaurants bestelltes Essen, das der Gast doch nicht haben will, manchmal an andere Gäste weitergegeben wird. Typisch für unsere Themen, die oft nach dem Muster »Kein Einzelfall! Auch hier wird abgezockt!« funktionierten. Natürlich darf man in der Gastronomie kein bereits serviertes Essen zum nächsten Tisch bringen. Das verbietet die Lebensmittelverordnung. Punkt. Ich weiß noch, dass wir lange warten mussten, bis wir endlich in einem überfüllten Restaurant eine Bedienung erwischt hatten. Wir selber hatten den Mittagsteller zurückgehen lassen und mit versteckter Kamera beobachtet, dass er auf einen anderen Tisch gestellt wurde. Und – zack – standen der Kameramann und ich schon in der heißen, lärmigen Küche, in der der Besitzer, der gleichzeitig auch der Koch war, mit Mühe den Laden am Laufen hielt. Ich glaube nicht, dass er eine Ahnung davon hatte, dass seine Aushilfe da draußen aus einer Überforderungssituation heraus etwas Dummes gemacht hatte. Wie auch? Trotzdem konfrontierte ich ihn damit, was vorne im Gastraum los war. Der arme Mann sah auf einmal eine Kamera auf sich gerichtet und hatte ein Mikrofon im Gesicht. Er stammelte zwei, drei Sätze – und brach dann in der wabernden Hitze seiner Küche in Tränen aus. Mir stellten sich alle Nackenhaare auf. Später sagte er mir, dass er kurz vor einer schweren Operation stand und ganz andere Probleme hatte als eine Portion Pommes, die von Gast A zu Gast B gewandert war. Selten habe ich mich in meinem Leben so geschämt wie in jenem Moment.

Natürlich hatte auch die Zeit bei ProSieben viel Gutes: Der Sender hat zum Beispiel viel in meine Ausbildung investiert und ich habe die Arbeit vor und auch hinter der Kamera als Handwerk gelernt. Dafür bin ich heute noch sehr dankbar. Außerdem habe ich tolle, fähige Kollegen kennengelernt, die mich auch in schwierigen Situationen unterstützt haben. Doch für mich war dieses Sendeformat nicht der richtige Weg. Leider setzte mich mein Ehrgeiz enorm unter Druck und sorgte dafür, dass ich mich immer weiter in den Job verstrickte, der mir doch nicht wirklich entsprach. Diese Art zu arbeiten sickerte tief in meine Persönlichkeit hinein. Wenn ich Zeitung las, sprangen mir die Problemmeldungen ins Auge, beim Fernsehen blieb ich bei den »Aufregerthemen« hängen. Fast wäre mir meine positive Lebenseinstellung abhandengekommen. Doch dann kam meine Großmutter auf die Idee, ihr kleines Reihenhäuschen gegen Einbrüche aufzurüsten. Durch den Dauerbeschuss mit Katastrophenmeldungen – »Alle zwei Minuten wird in Deutschland eingebrochen« und »Wieder Rentnerin ausgeraubt!« – hatten sich große Ängste in ihr hochgeschaukelt. Als ob in jedem Busch hinterm Haus ein Dieb lauern würde! Sie redete auf einmal von doppelten Schlössern, Lichtschutzschranken, Videokameras an der Tür und Sonderspezialkonstruktionen an den Fenstern. Wir konnten sie überzeugen, dass abschließbare Fenstergriffe und ein Bewegungsmelder am Haus im Normalfall völlig ausreichten, damit sie sich sicher fühlen durfte. Aber war meine Wahrnehmung denn mittlerweile nicht auch ein Zerrbild der Realität? Die Einsicht, dass ich meine Persönlichkeit dem Sendeformat gar nicht anpassen wollte, kam zeitgleich mit der Nachricht, dass die Sendung eingestellt werden sollte. Die Situation hatte sich also für mich stimmig aufgelöst. Im Nachhinein wundere ich mich manchmal, dass ich ein Jahr lang diesen Job gemacht habe. Vielleicht hatte es auch damit zu tun, dass ich kaum zum Durchatmen gekommen war und mir nicht die Zeit genommen hatte, in Ruhe über mich und meine Wünsche und Bedürfnisse nachzudenken.

Ich finde, das ist das Gute am Älterwerden: An jeder Station meines Lebens habe ich mehr über mich erfahren. Das Jahr bei ProSieben hatte mir gezeigt, dass ich ehrgeizig bin. Ich hoffe aber, dass mich mein Ehrgeiz nicht mehr so leicht auf Abwege führen wird. Ich will meinen Job gut machen. Dazu stehe ich. Ich habe auch manchmal den Drang, anderen etwas beweisen zu wollen. Vielleicht hat das unter anderem etwas damit zu tun, dass ich die Waldorfschule besucht habe. Ich habe das für mich nie als intellektuellen Makel wahrgenommen – ganz im Gegenteil: Ich fand es toll, dass wir Körbe flechten durften und lernten, dass man im Beet am besten Knoblauch neben Erdbeeren pflanzt. Aber ob ich wollte oder nicht, manchmal hatte ich das Gefühl, dass *andere* uns Waldorfschüler unterschätzten. Deshalb glaubte ich immer wieder zeigen zu müssen, dass ich mehr kann als meinen Namen tanzen.

Zu Beginn des Geschichtsstudiums musste ich das Große Latinum nachholen, denn in der Schule hatte ich nur ein, zwei Jahre Latein gehabt. Also büffelte ich mit meiner Freundin Karin, der es genauso ging, einen Sommer lang Latein. Livius und Tacitus rauf und runter, von morgens bis abends, Wochen über Wochen. Mich hat diese Zeit echt an meine Grenzen gebracht. Karin hatte die Grammatik gut drauf, sie bekam raus, dass jemand *über* den Fluss gesprungen war und nicht *in* den Fluss. Ich dagegen verließ mich mehr auf den gesunden Menschenverstand, so konnte ich beitragen, dass nicht *Cäsar* gesprungen sein konnte, sondern die *Pferde*. Karin und ich waren ein gutes Team. Dann endlich die Prüfung. Nur wenige Studenten schaffen die Lateinprüfung an der Uni im ersten Anlauf. Vor allem, wenn man mit so wenig Vorwissen wie wir ankommt, stehen die Chancen schlecht. Schriftlich legten wir beide eine fünf hin, im mündlichen Examen bekamen wir die Chance, es noch rauszureißen. Ich hatte Glück, war am Prüfungstag guter Dinge und bestand knapp. Karin fiel durch. Das brachte unsere Freundschaft für kurze Zeit ins Wackeln, aber wir schafften es. Mein Großes Latinum machte mich unglaublich stolz. Und Karin im zweiten Anlauf auch. Als ich dann noch meine Zwischenprüfung in Geschichte mit der Note 1,0 abschloss, hatte sich für mich das Thema, als Waldorfschülerin besser als andere sein zu müssen, endgültig erledigt. Doch die Sache mit dem Es-allen-zeigen-Wollen, die hatte sich irgendwie in mir festgesetzt.

Das mit dem Sich-immer-besser-Kennenlernen hat auch noch eine weitere Facette. Man entdeckt ja auch Ecken und Kanten an sich, auf die man nicht so stolz ist. Bis ich mich mit einigen von ihnen anfreunden konnte, hat es doch ein wenig länger gedauert. Da ist zum Beispiel mein Tick, dass ich im Teambus immer auf demselben Platz sitzen möchte. Aber von Anfang an. Wie ist das mit den Dreharbeiten und den Autos?

Die Kleinbusse, in denen das Team samt Ausrüstung von Drehort zu Drehort fährt, werden meist vom WDR bereitgestellt oder vor Ort angemietet. Es ist fast schon wie ein Naturgesetz: Ganz oft ist der Van kleiner als gebucht. Bis dann die Stative, die Kameras, das Gepäck und das Team ihren Platz gefunden haben, ist das ein ganz schönes Gezerre und Gewurschtel – auch nach so vielen Jahren. Für manche Folgen gibt es noch ein weiteres Auto, kleiner und möglichst farbenfroh, in dem ich gefilmt werde, wie ich von Ort zu Ort flitze. Diese Autos machen gleich gute Laune, außerdem bringen sie auch dann Farbe ins Spiel, wenn das Wetter nicht mitmacht. Im Elsass durfte ich eine uralte Ente fahren. Ich musste aber erst noch einen kleinen Fahrkurs beim Besitzer machen, bevor er sie mir anvertraute. Herrlich, wie sie sich quietschend in die Kurve legte! Ich war auch schon auf Traktoren und in Oldtimer-Cabrios unterwegs. Am Gardasee war es ein betagter Cinquecento, der die vielen Steigungen kaum noch hochkam. Bei solchen Reisegefährten mit Persönlichkeit springt sofort der Funke über. Ganz anders bei dem grau-schwarzen 08/15-Mietwagen, den uns der Autovermieter trotz anderslautender Absprache an den Bahnhof im Lipperland gestellt hatte. Schade! Vor dem knallgelben Hintergrund der Rapsblüte wäre ein roter kleiner Cabrio-Flitzer genau das Richtige gewesen. Doch dieser graue Wal hatte noch nicht mal ein Schiebedach, es gab also auch keine Bilder mit spannender Perspektive in das Auto rein oder aus dem Auto raus. Eine Woche bin ich durch die Landschaft gefahren, viele der Aufnahmen, auf denen das Auto mit drauf war, wurden später rausgeschnitten.

Wenn im Film erzählt wird, dass es nun von A nach B geht, wird oft in der Super-Totalen gefilmt: das ganze Bild voller Landschaft und ich als kleiner roter Punkt von links nach rechts. Das sieht ganz einfach aus, aber so eine Aufnahme klappt nur selten auf Anhieb. Mal kommt mir im unpassenden Augenblick ein dicker Lastwagen entgegen, dann weht dem Kameramann ein Blatt ins Bild. Über Walkie-Talkie – cool! – bekomme ich dann zu hören: »Das hatte schon viel Schönes … Aber Tamina, kannst du den Weg bitte noch mal langfahren? Dieses Mal zwischen den beiden Bäumen rechts am Weg ein bisschen langsamer werden.« Gar nicht so einfach. Denn meistens werden solche Aufnahmen ja mitten im Nirgendwo gemacht. Das heißt: Es gibt keine Wendemöglichkeit. Entweder muss ich bis zur nächsten Abzweigung, dann wieder zurück zu einer weiteren Kreuzung und noch einmal zurück zum Ausgangspunkt. Das kann ewig dauern. Oder ich mache abenteuerlichste Wendemanöver. Vor allem auf kurvenreicher Strecke muss ich sehr aufpassen, dass ich nicht von anderen Autos platt gefahren werde.

So, und nun zu meiner Extrawurst. Wenn alles gut geht, hat der Team-Kleinbus hinten zwei Sitzreihen. Rechts ist die Schiebetür und den Sitz an der Tür kann man nach vorne klappen, um in die hintere Sitzreihe zu kommen. Mein bevorzugter Platz ist der am Fenster auf der linken Seite, gleich hinter dem Fahrer. Von diesem Sitz aus kann ich gut nach vorne hinausschauen, und beim Ein- und Aussteigen bin ich nicht mitten im Geschiebe. Wenn ich Pech habe, dann gibt es allerdings *zwei* Schiebetüren. Wenn ich dann friedlich vor mich hindöse, macht es auf einmal Raaaaatsch – und ich sitze halb im Freien. Furchtbar! Normalerweise bin ich aber da vorne in meinem Eckchen ein bisschen raus aus dem Geschehen und muss während der Fahrt nicht das Gefühl haben, dass ich alle bespaßen muss. Denn wenn um mich herum Leute sitzen, kann ich nicht abschalten. Geht bei mir einfach nicht. Weil wir aber im Team tagelang aufeinanderhocken und permanent im Austausch sind, brauche ich auch Momente, in denen ich mich ein bisschen rausnehmen kann. Da machen siebzig Zentimeter weg vom Epizentrum schon eine Menge aus.

Manchmal passiert es, dass sich ein neuer Teamkollege, der mit meiner Eigenheit noch nicht vertraut ist, auf »meinen« Platz setzt. Früher wollte ich dann keinen Aufstand machen und sagte mir: »Ach, sei mal nicht so pingelig! Ich setz mich eben woanders hin. Wenn ich so einen tollen Job machen darf, kann ich ja wohl auch mal ein bisschen zurückstecken.« Heute ist die Dankbarkeit für den perfekten Job immer noch da. Aber meinen Sitzplatz will ich trotzdem haben. Mir geht es sicher nicht darum, eine Rangordnung im Team oder für mich einen Diven-Status zu etablieren. Wenn jemand genauso gerne wie ich auf diesem speziellen Platz sitzen wollte, würden wir eine Lösung finden. So aber bitte ich den Neuzugang, sich woanders hinzusetzen. Sitzplatz hin oder her – ist das denn wirklich so wichtig? Ich finde: Ja! Gerade die vielen Kleinigkeiten im Leben machen in Summe sehr viel an Lebensqualität aus. Wenn ich auf »meinem« Platz sitze, komme ich viel entspannter am Ziel an. Es hat lange gedauert, bis ich mir den Raum zugestanden habe, dieses Bedürfnis ernst zu nehmen.

Auch nicht ganz leicht war es, den zweiten Grund für mein Revierverhalten im Teambus zu akzeptieren: In manchen Dingen bin ich ein Gewohnheitstier. Schon bei uns im Elternhaus hatte am Familien-Esstisch jeder seinen angestammten Platz. Von dieser Seite meiner Persönlichkeit wollte ich lange Zeit nichts wissen. Mein Bild von mir sah ja ganz anders aus! Spontan in der Welt unterwegs, immer locker im Umgang mit neuen Menschen und neuen Umfeldern. Mittlerweile kann ich gut damit leben, dass das nicht für jede Minute des Tages gilt. Offensichtlich brauche ich ein paar Rituale, um in anderen Lebenssituationen spontan sein zu können.

Damals im indischen Tempel dachte ich wohl zum ersten Mal intensiv darüber nach, wer ich bin. Und auch darüber, wie ich mich gerne hätte. Diese Fragen haben mich seitdem nie mehr ganz losgelassen. Ich wäre zum Beispiel gerne in meiner Selbsteinschätzung weniger abhängig von dem Beifall anderer Menschen. Von den Zuschauern kommt so viel Positives zurück, ihre Mails und Briefe sind ein großer Antrieb für mich. Sie nähren mich. Ich höre auch gerne von meinen Teamkollegen: »Das hast du super gemacht, Tamina!« Das motiviert mich enorm. Gleichzeitig würde ich mir wünschen, dass ich weniger abhängig wäre vom Lob anderer. Bis jetzt klappt alles ja sehr gut, aber was ist, wenn der Wind mich nicht mehr trägt, sondern mir scharf ins Gesicht weht? Dann wäre es gut, wenn ich ein wenig mehr so wie der Fährmann auf Usedom wäre.

Im Film dauert die Szene mit der Fähre gerade mal dreißig Sekunden. Aber mich persönlich hat die Begegnung mit dem Fährmann nachhaltig beeindruckt. Ich hatte nicht die Landstraße nach Usedom genommen, sondern war etwa drei Kilometer weiter südlich vom Festland mit einer kleinen Fähre übergesetzt – die beste Art, um ein Inselfeeling zu bekommen. Mein Reisebegleiter Gunnar Fiedler, der am anderen Ufer schon auf mich wartete, hatte uns den Tipp gegeben. Der Fährmann Uli Böttcher setzt an diesem südlichsten Punkt Usedoms, wo die Peene nur sehr schmal ist, auf Zuruf Spaziergänger und Radfahrer über. Er ist ein alter, kauziger Mann vom Typ Ernest Hemingway, selbst die schwarze Strickmütze passt ins Bild. Sein Motorboot ist ungefähr zehn Meter lang, gerade genug Platz für ihn, seinen Hund und eine Handvoll Feriengäste mit ihren Fahrrädern. Ungefähr zehn Minuten dauerte die Überfahrt, es herrschte graues Ostseewetter und dann fing es auch noch an zu nieseln. Ich komme ja leicht mit Menschen ins Plaudern, aber der Fährmann war kein Mann der vielen Worte. Nicht weil er schüchtern vor der Kamera oder einfach nur mundfaul war. Nein, er machte einfach seine Arbeit, auf eine ganz reduzierte und unspektakuläre Art. Wenn einer am Ufer steht und übergesetzt werden möchte, dann ruft er seinen Hund, setzt sich ins Boot und holt seinen Fahrgast ab. Egal ob es stürmt. Egal ob der Fahrgast nett ist. Was er macht, wird nicht beklatscht. Für ihn ist das Übersetzen auch dann stimmig, wenn die Fahrgäste übers Wetter nörgeln oder ihn gar nicht wahrnehmen. Wahrscheinlich ist es für ihn nicht wichtig, wie viele Besucher es gestern waren oder wie viele es morgen sein werden. Er ist einfach da. Was für ein Kontrast zu meinem eigenen Leben! Ich will immer wissen: Was möchten die Zuschauer sehen? Wie ist die letzte Sendung bei ihnen angekommen? Was machen wir als Nächstes? Der Fährmann auf Usedom hat mir in Erinnerung gerufen, dass es auch eine ganz andere Art zu leben gibt. Ganz abgesehen davon, dass das Übersetzen über einen Fluss eines der Ur-Themen der Menschheit ist, hat die kurze Fahrt mit dem Fährmann in mir vieles zum Klingen gebracht. In seiner Gesellschaft ist mir meine eigene Geschwätzigkeit aufgefallen.

Ich würde nicht tauschen wollen. Natürlich nicht. Aber die Begegnung mit ihm hat mir gezeigt, wie ich ticke. Die Gelassenheit des Fährmanns scheint auf den ersten Blick meinem Naturell zu widersprechen. Also was jetzt, Tamina: Willst du neugierig in die Welt schauen, von einem Erlebnis zum nächsten springen, Eindrücke aufnehmen – oder willst du gelassen die Welt an dir vorüberziehen lassen? Aber wer sagt denn, dass es im Leben immer ein Entweder-Oder sein muss? Ruhige Gelassenheit und extrovertierte Neugier müssen nicht zwei Pole sein, die sich gegenseitig ausschließen. Sie können auch zwei Seiten derselben Medaille sein. So wie diese Medaille wäre ich gerne.

5 SECHS TAGE DAUERREGEN

»Was ihr nicht tut mit Lust,
gedeiht euch nicht.«
William Shakespeare (1564–1616)

Ibiza, lauer Abendwind an der wildromantischen Küste, Candlelight-Dinner. Vor mir im schummrigen Licht steht ein Teller mit Paella Mare e Monti, also mit allem, was Meer und Berge der Balearen-Insel zu bieten haben: Muscheln und Garnelen, Fisch, Hühnchen- und Schweinefleisch. Wie so oft hatten das Team und ich uns abgehetzt, um noch vor Einbruch der Nacht am letzten Drehort des Tages einzutreffen. Manchmal klappt es, dass wir noch im aller-allerletzten Licht drehen können. An diesem Abend allerdings hatten wir den Wettlauf gegen die Zeit verloren. Als wir zu dem angesagten Restaurant am Meer kamen, war die Sonne längst untergegangen und es war schon sehr dämmrig. Der Kameramann musste einen kleinen Lichtstrahler aufbauen, um die kuschelig-romantische Atmosphäre am Sandstrand direkt am Meer einzufangen. Denn auch für moderne Kameras ist reine Kerzenbeleuchtung meist so schwach, dass später auf den Aufnahmen kaum etwas zu erkennen ist. Für die Menschen vor Ort ist so ein Strahler ein wenig störend, doch im Film sieht es dann authentisch aus. Trotzdem – auch mit der Extra-Beleuchtung konnte ich kaum erkennen, was da vor mir auf dem Teller lag.

Heute weiß ich, dass Paella eigentlich ein typisches Mittagsgericht ist, die Zutaten für den »Mare«-Anteil werden morgens frisch aus dem Meer geholt und nur wenige Stunden später mit Genuss verspeist. Gerade dort, wo Paella traditionell zubereitet wird, ist also ein wenig Vorsicht angesagt, wenn sie *abends* serviert wird – nicht immer ist das Gericht tagsüber sorgfältig gekühlt worden. So kam es, dass ich im Dunkeln in meiner Paella stocherte und dachte: »Na, irgendwie habe ich das auch schon besser gegessen.« Aber der Hunger war groß und der Teller bald leer. Zurück im Hotel, nahm das Übel seinen Lauf. Eine einzige gekippte Muschel reicht ja schon aus, um Magen und Darm in Unordnung zu bringen. Das kommt vor. Doch mit dieser Wucht hatte ich eine Lebensmittelvergiftung noch nie erlebt. Schon auf der Rückfahrt ins Hotel war mir sterbenselend. Auf meinem Zimmer kamen dann Fieber, Schwindel und Schüttelfrost dazu. Weil ich in dieser Nacht zwischen Bett und Toilette hin- und herpendelte, machte ich auch kaum ein Auge zu. Am nächsten Morgen schleppte ich mich mit letzter Kraft in den Frühstücksraum, wo ich gleich liebevoll von den Kollegen umsorgt wurde. Der Versuch, ein wenig Pfefferminztee zu trinken – und bei mir zu behalten –, scheiterte. Und jetzt? Wie sollte es mit dem Drehen weitergehen? Ich kam aber trotz meines Elends nicht auf die Idee zu sagen: »Sorry, es geht heute nicht, ich bleibe im Bett.« Schließlich hatten wir einen mit Terminen vollgepackten Tag vor uns.

Als Erstes stand ein Tierheim auf dem Plan, in dem sich Tierschützer liebevoll um die für die Insel typischen Podencos Ibicencos kümmern. Bevor ich nach Ibiza gekommen war, kannte ich diese uralte Hunderasse kaum. Ich wusste nur, dass sie zu den Windhunden gehören, und hatte sofort klapperdürre, ewig zitternde Hunde mit zwischen den Beinen eingeklemmter Rute vor meinem inneren Auge. Für jemanden wie mich, der mit kraftvollen, eher behäbigen Leonbergern und Labradoren aufgewachsen ist, machen Windhunde einen etwas jämmerlichen und verschreckten Eindruck. Auf den ersten Blick bedienten die Podencos alle meine Vorurteile. Sie sind so unglaublich dünn und sehnig und schmal! Und dann auch noch diese riesigen Steh-Ohren – ich hatte Sorge, dass sie gleich vom nächsten Windstoß umgepustet werden. Aber ich wurde schnell eines Besseren belehrt. Die Podencos haben was ganz Zähes, Ausdauerndes an sich und ihr Verhalten ist ungewöhnlich autark. Für diese Rasse scheint es das Gefälle Herr – Hund nicht zu geben; ich hatte sofort das Gefühl: Die brauchen niemanden, der ihnen sagt, wo es langgeht. Deshalb fühlte ich mich sogar richtig geschmeichelt, als sich einer der Podencos mir zuwendete und mich freundlich beschnüffelte.

Obwohl ich sehr wackelig auf den Beinen war und alle paar Minuten kurz in einem Gebüsch verschwinden musste, war meine Neugier noch rudimentär vorhanden und ich wollte mehr über die Menschen und die Hunde der Tierstation wissen. Die Tierschützer auf Ibiza helfen den armen vernachlässigten und oft misshandelten Podencos. Sie füttern die Hunde nach Möglichkeit durch und versuchen, sie unter anderem nach Deutschland in freundlichere Hände zu vermitteln. Ihr Engagement und ihre Empathie finde ich bewundernswert. Wenn ein Tier wegen Gedankenlosigkeit oder gar Grausamkeit leiden muss, macht das auch mich wütend. Doch ich frage mich auch, ob es immer sinnvoll und verhältnismäßig ist, so einen Vierbeiner nach Deutschland zu verpflanzen. Ein

Podenco ist kein Stadthund. Es müssen wohl schon ganz besondere Hundefreunde und ganz besondere Umstände gegeben sein, dass ein zum Jagen und Rennen geborener Hund, der vom Gehorchen nicht viel hält, hierzulande glücklich werden kann. Im Gespräch mit den Tierschützern wollte ich mich weder ihren sehr emotionalen und teilweise auch radikalen Ansichten verschließen, noch wollte ich außer Acht lassen, dass das Geld für den Transport des Hundes nach Deutschland in manchen Ländern eine vielköpfige Familie einen ganzen Monat ernähren und ausbilden könnte. Ich weiß nicht, wie eine gute Antwort aussieht. Ich bin mir aber sicher, dass ein wenig Empathie und Freundlichkeit einem Lebewesen gegenüber nicht verkehrt sein kann.

Es ist nicht leicht, sich mit so einem komplexen Thema auseinanderzusetzen. Vor allem dann nicht, wenn nicht nur der Kopf und das Herz in Aktion sind, sondern auch der Magen. Schon auf dem Weg zur Hundestation hatte ich mehrmals »Stopp!« rufen müssen und es dann immer gerade noch rechtzeitig geschafft, aus dem Auto zu kommen. Die besorgten Kollegen fragten immer wieder: »Tamina, geht's?« Na ja, irgendwie schon. Ein Pech, dass wir gerade heute bei den Tierschützern drehten. Denn es hat seinen Grund, warum es im Filmgeschäft heißt: Kinder und Tiere sind eine besondere Herausforderung – sie sind einfach unberechenbar. Da geht es nur sehr selten nach Drehplan; man muss flexibel sein und es nehmen, wie es kommt. Zum Beispiel sollte einer der Hundefreunde mit seinem Podenco aus einem Wald auf uns zukommen, sodass ich ihn treffen und begrüßen konnte. Der Kameramann war in Position, der Ton lief, der Mann kam auf uns zu – aber der Hund fehlte. Der hatte weiter hinten irgendetwas Interessantes erschnuppert. Also noch mal. Der Mann lief los, ich ging auf ihn zu, der Hund – typisch Podenco – hatte eigene Vorstellungen und rannte querfeldein. Beim dritten Anlauf lief es bei Mann und Hund perfekt, in schönster Eintracht kamen sie auf meine Position zu. Aber ich war nicht da. Ich hatte wieder mal in die nächste Hecke hechten müssen. Irgendwie haben wir die Sache zu einem guten Ende gebracht. Ich wurde großartig vom Team unterstützt und wir alle waren froh, dass der Drehtag nicht geplatzt war. Nur wer genau darauf achtet, sieht im Film (es ist der erste Ibiza-Film, es gab später noch einen zweiten), dass ich bei einigen Szenen ein bisschen weiß um die Nase bin.

In über zwanzig Jahren bin ich kein einziges Mal beim Dreh wegen Krankheit ausgefallen, darauf bin ich echt stolz. Nur eine einzige Sendung, die ich hätte machen sollen, musste geknickt werden. Aber das hatte einen ganz anderen Grund. Es war noch zu der Zeit, als ich im Deutschen Sportfernsehen beim Format »Abenteuer und Reisen-TV« mit dabei war. Bei diesem Münchner Sender wurde extrem kurzfristig und flexibel geplant – mehr Freestyle eben. Ich war gerade von einer Tour nach Hause gekommen und hatte kaum Zeit zum Umpacken des Koffers, denn es sollte gleich weiter nach Indien gehen. Eine andere Produktionsfirma – den Regisseur kannte ich gut – drehte dort gerade für ein neues Format im Dschungel. Ich sollte solo dazustoßen und ausnutzen, dass Team und Equipment schon vor Ort waren. Also los. Ein paar Stunden später stand ich in Frankfurt am Check-in und zeigte Ticket und Ausweis. In Gedanken war ich schon längst bei den Kollegen in der Wildnis. Zuerst hörte ich die Frage gar nicht: »Und das Visum?« Die Frau vom Bodenpersonal musste noch mal nachhaken. Visum? Mir wurde eiskalt: um Gottes willen! Die Redaktion in München hatte mir vor zwei Wochen die Flugtickets und ein grobes Drehbuch zugeschickt, doch ein Visum war nicht dabei gewesen. Mir hätte das auffallen müssen. Aber ich war so sehr im Tunnel mit meinen ständigen Reisen gewesen, dass ich es nicht gemerkt hatte.

Also anrufen in der Redaktion. War ein Visum für mich beantragt worden und lag es noch irgendwo herum? Nein, leider nicht. Dass ich eins brauchte, war irgendwie durchs Raster gefallen. Nur zweieinhalb Stunden bis zum Abflug. Großes Hin-und-her-Telefonieren. Wie kann man das Projekt noch retten? Dann der Anruf: »Tamina, du musst zum indischen Konsulat!« Ins Taxi springen, durch den Frankfurter Verkehr zur indischen Botschaft, die ganz in der Nähe des Messeturms liegt. Noch eineinhalb Stunden bis zum Abflug. Vielleicht schaffe ich es ja noch? Doch der Botschaftsangestellte machte mir gleich klar, dass auch ein Not-Visum 24 Stunden brauchte. Ich war fassungslos. Es konnte doch nicht sein, dass die Reise jetzt platzte! Da musste doch *irgendwas* gehen! Die Kollegen in der Redaktion recherchierten, wann der nächste Flug ging. In zwei Tagen. Damit war die Sache endgültig gestorben. Ich hätte nur zwei Tage vor Ort gehabt, das brachte nichts. Wir hatten das Zeitfenster, in dem die Crew in Indien vor Ort war, verpasst. Der ganze Riesenaufstand verpuffte im Nichts. Ich konnte es einfach nicht glauben: Ich musste jetzt wirklich unverrichteter Dinge wieder nach Hause fahren. Als ich im Frankfurter Berufsverkehr stehe, um nach Hause zu kommen, ist bestimmt eines der Flugzeuge, die am Horizont in die Höhe steigen, auf dem Weg nach Indien.

So kann es eben auch gehen. Trotz maximalem Einsatz aller Beteiligten klappt es einfach nicht. Wie fast immer hatte meine »Niederlage« auch ihr Gutes. Auf eine knappe Woche war die Reise angesetzt gewesen. Auf einmal war die Luft raus und ich hatte sechs Tage frei. Ich brauchte einen ganzen Tag, bis ich aus meinem hochtourigen Modus herausgefunden und mich neu sortiert hatte. Erst dann konnte ich meine freie Zeit genießen. Und ich merkte: Für ein Innehalten war es allerhöchste Zeit gewesen. Der Spontan-Urlaub hat mir gutgetan. Dass der Indien-Beitrag ins Wasser gefallen war, war kein großes Drama. Für den Sender und die Kollegen in Indien war es ein bisschen ärgerlich, aber ein existenzieller Super-Gau ist es nicht gewesen.

In der Regel geht es zum Glück nicht ganz so aufregend und chaotisch zu. Aber auch im ganz normalen Drehalltag braucht man eine gewisse Einsatzfreude und auch Leidensfähigkeit, damit alles gut über die Bühne geht. Barcelona zum Beispiel. Weil ich *vor* und nicht *hinter* der Kamera stehe, begleitet mich jeden Tag die Frage: »Was ziehe ich an?« Wir drehten im heißen spanischen Sommer, also war ein luftiges Sommerkleid angesagt. Nun habe ich ganz schön stramme Waden. Flache Schuhe, kurzes Kleid – geht gar nicht, finde ich. Ich musste also in den sauren Apfel beißen und den 14-Stunden-Tag auf hohen Plateauschuhen überstehen. Treppen hoch, Treppen runter, über Kopfsteinpflaster, rein in den Laden, raus aus dem Laden … Kameramann Uwe, der dabei war, fragte immer ganz lieb: »Tamina, kannst du noch?« Es ging. Aber es war die Hölle! Am Abend endlich der letzte Termin in einer Tapas-Bar, ein Geheimtipp. Dorthin bin ich nur noch gekrochen. Auch Uwe war am Ende seiner Kräfte, seine Arme zitterten so sehr, dass er kaum noch die Kamera halten konnte. So ein Gerät bringt locker elf bis zwölf Kilo auf die Waage. Wenn ich beim Ein- und Auspacken des Teambusses helfe oder der Kameramann sagt: »Kannst du mir mal kurz die Kamera anreichen?«, bin ich immer wieder platt, wie schwer die ist. Ich hab schon Mühe, sie zu heben, aber ein Kameramann hat sie von morgens bis abends fast pausenlos mit dabei. Ähnlich ist es beim Tonmann. Der hat mit Mischer, Angel, dem Rucksack mit Akkus und diversen Wechselobjektiven für den Kameramann auch immer viel zu schleppen. Es ist eine enorme sportliche Leistung, die die Kollegen Tag für Tag bringen. Vor allem, wenn wir durch Städte und Landschaften eilen und der Kameramann spontan Bilder und Bewegungen einfangen soll. Denn dann bleibt das Stativ im Kofferraum und der Kameramann rennt genauso wie ich durch die Gegend, nur eben mit dem Gewicht eines Kartoffelsacks auf der Schulter. Auch wenn es mittlerweile etwas leichtere Modelle gibt, geht dieser Beruf ganz schön auf den Rücken.

In der Tapas-Bar wurden unsere Lebensgeister langsam wieder wach. Und die der anderen Teammitglieder auch. Das Lokal war unglaublich angesagt und der Chef wollte uns voller Stolz seine Küche präsentieren. Ich frage in solchen Situationen gerne, welche Spezialitäten es gibt, um den Zuschauern landestypische Speisen und Getränke empfehlen zu können. Die regionalen Spezialitäten sind so spannend! In Prag wurde mir eine Suppe gebracht, die schmeckte gar nicht schlecht. Nur weil ich wusste, was es war – Pansensuppe! –, war's schwierig. In Valencia wurden uns Knochen serviert, aus denen man das Mark rauslöffeln sollte. Auch nicht ganz mein Fall. Meistens sind es aber wunderbare Gerichte, für die allein sich schon eine Reise lohnt. Selbst wenn die unbekannte Speise nur unter die Rubrik »Kann man essen, muss man aber nicht« fällt, bin ich froh, dass ich sie wenigstens mal probiert habe.

Natürlich fragte ich auch in Barcelona den Gastwirt, was hier denn besonders gut sei. Er antwortete freudig: »Ich stell euch mal was zusammen.« Meine Lieblings-Tapas sind ja diese kleinen Fleischbällchen in Tomatensauce. Köstlich! Auf die freute ich mich schon. Doch auf dem Teller, der uns als Erstes serviert wurde, häufte sich die Spezialität des Hauses: Orejas, gebackene Schweineohren. Kleine krosse Plätzchen, recht appetitlich aussehend, aber vom Geschmack her für mich nicht wirklich überzeugend. Wir kauten höflich auf unseren Ohrstückchen herum und ich schaute unauffällig, ob sich auf den anderen Tapas-Tellern nicht doch noch irgendwo ein paar Fleischbällchen versteckten.

Manchmal braucht es ja ein paar Anläufe, bis sich einem eine gewisse Kulinarik erschließt. Bei Austern zum Beispiel scheiden sich die Geister ganz extrem. Die glibberige Konsistenz, die Tatsache, dass die Muschel noch lebt, wenn man sie runterschlürft – *sehr* befremdlich. Ich hatte bei einigen Gelegenheiten probieren »müssen«, Durchbrüche hatte es keine gegeben. Dass ich mir bei einem meiner ersten Aufhebel-Versuche voll in den Finger gesäbelt hatte, trug auch nicht gerade zu einer tiefen Freundschaft zwischen Austernschaft und mir bei. Das änderte sich erst, als ein aus der Bretagne stammender Chefkoch eines Düsseldorfer Meeresspezialitäten-Restaurants mich unter seine Fittiche nahm. In seiner alten Heimat wollte er sich mit mir auf die Suche nach seinen Wurzeln begeben. Er zeigte mir, wie die Austern sorgsam gehegt und gepflegt werden, wie sie mit einer schnellen, geschickten Handbewegung vom Untergrund herausgebrochen und dann geöffnet werden. Da kam der ganz eigene Stolz eines Menschen rüber, der etwas von seinem Handwerk versteht und es liebt. Aber ein Lebewesen so ganz frisch aus dem Meer zu verspeisen – das war mir immer noch unheimlich. Als mich der Küchenchef dann aber in ein auf Austern spezialisiertes bretonisches Restaurant einlud, kam die Wende. Hier durfte ich die Unterschiede zwischen den verschiedenen Austernsorten und ihren Aromen entdecken. Es ist wie beim Wein: Wer sich auskennt, dem schmeckt es gleich noch mal so gut. In dem Restaurant wurden die Austern aufs Liebevollste zubereitet – auf Eis serviert, mit etwas Schwarzbrot und passendem kalten Weißwein. Das Zelebrieren gehört ja beim Austern-Essen mit dazu, das leicht dekadente Flair, das Sich-etwas-Gönnen. Es hat seine Zeit gedauert, bis ich auf den Geschmack gekommen bin. Heute sind Austern für mich ein schaurig-schönes Genusserlebnis für Gaumen und Seele. Der Geschmack des Meeres pur – herrlich!

In Barcelona hatten wir nun die Schweineohren hinter uns gebracht und es ging zurück ins Hotel. Was für eine Qual, nach dem gemütlichen Zusammensitzen in der Tapas-Bar wieder auf die überstrapazierten Füße zu kommen! Jeder

Schritt war eine Herausforderung – auch für Uwe, der ja immer noch seine Kamera tragen musste. Nachdem ich mich abgeschminkt und kurz frisch gemacht hatte, wankte ich runter in die Lobby. Wie jeden Abend wollte das Team noch mal kurz den folgenden Tag durchsprechen. Danach hatte ich nur noch eines im Sinn: endlich Füße hoch! In der Hotelbar traute ich meinen Augen nicht. Da stand Uwe wie aus dem Ei gepellt, in weißem Hemd, das blühende Leben. »So!«, sagte er. »Und wo gehen wir denn gleich noch hin?« Ich konnte es nicht fassen! Wo nahm er nur seine Energie her? Wir sind dann tatsächlich noch einmal losgezogen, zusammen mit dem Tonassistenten, der hatte sich auch von Uwe breitschlagen lassen. Wenigstens trug ich jetzt flache Schuhe. Uwe schleppte uns in drei Bars hintereinander. In der letzten kamen wir noch mit einem netten Typen ins Gespräch, der uns auf tolle Locations aufmerksam machte, die wir gar nicht auf dem Schirm hatten. Einige seiner Tipps konnten wir später sogar umsetzen. Das Fazit dieses Tages für alle Beteiligten: total anstrengend. Und total schön.

Wie schafft man so ein Pensum? Die nötige Einsatzfreude kommt von ganz allein, weil ich meinen Job liebe. Die Freude daran, dass ich mich immer wieder auf Neues einlassen darf, lässt mich so manche Durststrecke überstehen. Die Warterei beim Drehen zum Beispiel. Bis der Kameramann sich auf die Lichtverhältnisse eingestellt hat und der Ton aufnahmebereit ist, kann es schon mal dauern. Wenn zum Beispiel in der Nähe eine laute Straße ist, muss der Tonmann tricksen; denn es ist sehr verwirrend, wenn man später im Film etwas hören, aber nicht sehen kann. Oder der Wind frischt auf und das Mikro braucht einen kleinen Puschel, damit man vor allem die Stimmen hört und nicht das Rauschen jedes Windstoßes. Wieder zehn Minuten, die ins Land gehen. Es dauert manchmal auch seine Zeit, bis sich alle über die nötigen Einstellungen oder die Kameraführung einig geworden sind. Selbst nach zwanzig Jahren denke ich immer wieder: Mensch! Was für ein Aufwand! Kann das nicht schneller gehen? Nein, kann es nicht. Jedenfalls nicht, wenn man sorgfältig arbeitet.

So kommt es, dass Herumstehen und Warten einen Großteil der Arbeitszeit des Drehteams ausmachen. Das mit dem Warten mag sich ja gemütlich anhören. Es ist aber nicht so wie in einem Wartezimmer, wo man träge in Illustrierten herumblättert, bis man aufgerufen wird. Beim Drehen ist jeder immer auf Stand-by – völlig abzuschalten, das geht nicht. Wirklich selten hat man eine halbe Stunde zur eigenen Verfügung. Dieser dauernde Wechsel zwischen intensivster Präsenz und dem Warten, bis irgendetwas weitergeht, kann ziemlich anstrengend sein. Natürlich sagen wir uns oft im Nachhinein: »Na, da hätten wir ja in der Zwischenzeit echt ins nächste Café gehen können.« Aber das weiß man leider immer erst, wenn die Gelegenheit vorbei ist. Deshalb gibt es bei uns oft nur einen schnellen Coffee-to-go und keine echte, erholsame Pause.

Wenn zum Beispiel im Drehbuch steht, dass ich irgendwo mit einer Fähre übersetzen soll, um mich mit einem Guide zu treffen, dann sieht der Ablauf gerne mal so aus: Im halsbrecherischen Tempo rast der Teambus Richtung Hafen, damit wir die nächste Fähre noch erwischen. Wir verpassen sie um Haaresbreite. Die nächste Fähre kommt in 30 Minuten. Also warten, rumstehen. Denn eine halbe Stunde reicht nicht aus, um etwas anderes anzufangen. Dann läuft die Fähre ein – zack, zack, rauf auf das Schiff! Wo steht die Sonne, wo ist der Schatten? Rasend schnell werden Kamera und Mikro in Position gebracht. Die Überfahrt dauert 15 Minuten. In dieser Zeit muss ich die Moderation hinbekommen: Wo geht es hin, worauf freuen wir uns besonders? Wenn mich dann noch ein netter Fan anspricht, fix ein gemeinsames Foto machen. Die Fähre legt an, sofort geht's weiter. Der Kameramann ist vorausgerannt, er filmt, wie ich die Fähre verlasse. Dann erkunde ich das Hafenviertel, spreche meinen ersten Eindruck in die Kamera. Der nächste Termin ist ein Treffen mit dem Guide auf dem Markt. Der ist aber noch nicht da. Also wieder warten. Schnell in einem der Restaurants Essen bestellen? Geht nicht, denn garantiert kommt der Guide genau dann, wenn uns die Teller auf den Tisch gestellt werden. Endlich ist er da, wir machen mit ihm ein paar Aufnahmen. Gerade als unser Gespräch Fahrt aufgenommen hat, ist irgendein Akku leer. Warten. Noch mal von vorne. Auf einmal ist es drei Uhr nachmittags, der Ton wird mauliger. Schnell irgendwas im Stehen essen. Weiterdrehen. So kann das den ganzen Tag gehen. Es ist ein ständiges Stop and Go.

Mit diesem On-off-Tempo kann ich ganz gut umgehen. Das gehört einfach dazu. Es ist nur auf Dauer megaanstrengend. Schwieriger ist die Sache mit dem schlechten Wetter. Wenn zum Beispiel laut Drehbuch gezeigt werden soll, wie ich ein Zelt aufbaue, und es nieselt schon seit Stunden, dann ist das ganz schön mühsam und frustrierend. Der Tag könnte so schön sein! Singende Vögel, Sonne – und Tamina baut in herrlichster Natur ein Zelt auf und freut sich an der guten Luft und am weiten Ausblick in die Natur. Stattdessen ist alles grau in grau und von überall her tropft es auf mich runter. Da muss ich mich manchmal ganz schön überwinden, mich auf den nassen Boden zu knien, um mit nassen Händen nasse Zeltstangen in nasse Zeltplanen zu stecken. In solchen Momenten hätte ich gerne, dass diejenigen, die sagen: »Na, deinen Job möchte ich haben!«, neben mir hocken.

Das Gute am Regen: Wenn es nicht gerade wie aus Kübeln gießt, sieht man ihn im fertigen Film kaum. Es dürfen nur keine Tropfen auf die Kameralinse kommen, dann würden sich Unschärfen einstellen. Wenn ich in farbenfroher Jacke ohne Kapuze und mit guter Laune dem Zuschauer die Schönheiten der Umgebung zeige, kommt niemand auf die Idee, dass es seit Tagen durchgeregnet, die Nässe mittlerweile auch meine letzte T-Shirt-Schicht durchfeuchtet hat und ich meine Hände kaum mehr spüre. Außerdem kann man in der Postproduktion mit der Farbsättigung noch einiges rausreißen. Der Computer macht zwar aus einem dunklen Grau kein leuchtendes Sommertags-Blau, aber ein trüber, wolkenverhangener Himmel hellt sich merklich auf. All dies trägt dazu bei, dass der Zuschauer den Regen im fertigen Film kaum wahrnimmt – »der versendet sich«, heißt das im Jargon der Fernsehleute.

Ich bin froh, dass es nur sehr selten wirklich mal eine Woche lang durchregnet. Fast immer sind wenigstens ein, zwei schöne Tage dabei. Oder wenigstens tagsüber ein paar

Regenpausen. Dann springen wir schnell los und sammeln Impressionen der Landschaft: Grüne Frühlingszweige vor einer aufgehenden Sonne oder ein munter plätschernder Bach mit funkelnden Lichtspiegelungen peppen jeden Reisebericht wunderbar auf. Und wenn es so gar nicht mit einer Regenpause klappen will, dann zeigen wir den Zuschauern eben, wie ein Regentropfen am Farnwedel entlang auf ein sattgrünes Moosbett fällt. Ich finde, solche Details kommen im Film unglaublich stimmungsvoll und schön rüber. Auch wenn die Großwetterlage bescheiden ist, kann man sich an kleinen Dingen freuen.

Die Radtour von Aachen nach Trier, das war so eine Woche, in der wir fast die ganze Zeit nur schlimmes Wetter hatten. Es fiel mir sehr schwer, mich morgens aus dem Bett zu quälen. Ich wusste ja: Alles, was wir heute tun, findet unter widrigen Umständen statt. Mit kalten Händen Fahrrad zu fahren ist ein echt zweifelhaftes Vergnügen. Und in einem Teambus herumzufahren, in dem alles vor sich hin feuchtelt und die Scheiben von innen beschlagen sind, macht auch keinen Spaß. Die Termine schieben und besseres Wetter abwarten? Die Erfahrung zeigt uns, dass das nichts bringt. Lieber das Drehbuch durchziehen und das Beste aus jedem Tag machen. Leicht gesagt! Ich friere schnell und bei allem Optimismus sind Regen und graue Wolken einfach nur blöd. Gut, dass für diese Sendung der Kabarettist Martin Zingsheim mit dabei war. Er hat mit seinem feinen Humor für gute Stimmung gesorgt. Zwischendurch gab es kleine Aufmunterungen à la »Na, Frau Kallert, geht's mit der Frisur?« oder angesichts eines rostigen Fahrrads am Wegesrand schnell mal eine Abhandlung über die »letzten Artefakte des Reisens«.

Nach einigen verregneten Drehtagen saßen wir wieder einmal in einem Gasthof fest. Es fehlte nur noch eine wichtige Einstellung: Martin und ich sollten fröhlich vom Radweg zum Gasthaus abbiegen, das Ganze sollte mit dem »Multikopter« aus der Luft gefilmt werden. Diese Kameradrohne kommt bei uns immer wieder mal zum Einsatz und liefert tolle Bilder und Perspektiven. An unserem Tisch im Gasthof war alles nass und klebrig, von meiner wasserdichten Radler-Überhose tropfte es auf den Fliesenboden. Unser Gespräch war verstummt, wir alle schauten auf unsere Apps: Wo zieht das Regenband hin? Wenn es nach einer kurzen Regenpause aussah, liefen wir nach draußen, bauten alles auf, stellten uns in Position – doch bevor es losgehen konnte, kam bereits der nächste Sturzbach runter. Also alles wieder abbauen, Multikopter regendicht verstauen, zurück ins Gasthaus rennen und sich mit einem Senfsüppchen aufwärmen. Hier gab es auch ein ganz besonderes Getränk zu kosten: Cidre mit Moselwein und Mate-Tee. Auch was Feines! Aber mit ein bisschen Sonne im Gesicht hätte es mir noch besser geschmeckt. Irgendwann bekamen wir unsere zwanzig Minuten ohne Regen. Schnell raus auf den Radweg, mit klammen Händen fröhlich winkend zweimal den Weg entlangfahren. Da kam auch schon der nächste Wolkenbruch. Aber wir hatten die Szene endlich im Kasten.

Dem fertigen Film sieht man an, dass das Wetter nicht gerade sonnig war, doch unsere Erfahrung zeigt: Die Zuschauer wollen gar keine Bilder wie aus dem Hochglanzprospekt sehen. Dass es sich lohnt, die Gegend zwischen Aachen und Trier zu besuchen und durch die drei Länder Deutschland, Luxemburg, Belgien zu radeln, kommt auch dann rüber, wenn das Wetter nicht so schön ist. Als die Sendung ein paar Wochen später im Fernsehen gezeigt wurde, waren wir überrascht: Sie hatte viele Zuschauer, lief richtig gut. Keine Frage – der Film war liebevoll und solide gemacht. Aber er musste, auch wenn die Landschaft wirklich schön ist, ohne große inhaltliche Knüller auskommen, es handelt sich ja um eine eher ruhige Gegend. Überragende Einschaltquoten hatten wir also nicht erwartet. Doch den Zuschauern hat's außerordentlich gut gefallen, unser Einsatz hatte sich gelohnt! Wie schön!

Einschaltquoten können natürlich auch für negative Überraschung sorgen. Ich erinnere mich an eine Sendung über Florida, das ist schon etwas länger her. Wir waren mit Spezialbooten durch die Sümpfe gedüst, hatten Indianer besucht, Alligatoren gefilmt und von den ursprünglichen kleinen Inselchen, den Keys, bis zur pulsierenden Metropole Miami eine Sehenswürdigkeit nach der anderen gezeigt. Dem Zuschauer bot sich geradezu ein Feuerwerk an Intensität und Vielfalt. Und doch gab es eine erstaunlich schlechte Einschaltquote. Woran lag das? Hätte man diese Folge noch pfiffiger gestalten können? Wurde sie zur falschen Jahreszeit ausgestrahlt? Eine Sendung über Weihnachtsmärkte ist ja auch nicht das ganze Jahr über interessant. Oktober ist zu früh. Im November bekommen die Zuschauer so langsam Lust auf Weihnachtliches. Ganz kurz vor Weihnachten ist es wiederum zu spät. Viele waren dann schon auf einem der vielen Weihnachtsmärkte und haben das Thema bis zum nächsten Jahr abgehakt. Wir haben viel über die Florida-Sendung nachgedacht. Aber auch wenn man sich einiges zusammenreimt, hat doch noch niemand eine Formel gefunden, nach der sich das Zuschauerinteresse zuverlässig berechnen lässt. Manchmal gelingt es, die Menschen genau dann zu erreichen, wenn sie offen sind für eine Thematik. Und manchmal nicht. Fällt die Einschaltquote schlechter als erwartet aus, kann man nur versuchen, es beim nächsten Mal besser zu machen. In manchen Fällen hat man aber einfach nur schlechte Karten. »Wunderschön!« wird sonntagabends gezeigt, also zur besten Sendezeit – und in Konkurrenz zum »Tatort« im Ersten. Viele Zuschauer, die ihr Wochenende nicht mit Mord und Totschlag ausklingen lassen wollen, schalten dann zum WDR. Doch wenn zum Beispiel Thiel und Boerne im Münsteraner Tatort ermitteln, merken wir, dass unsere Zuschauerzahlen ganz schön in die Knie gehen.

Die Einschaltquote ist die allgemeingültige Währung im Fernseh-Business – aber nur mangels besserer Vergleichsmöglichkeiten. Mindestens genauso wichtig finde ich die Qualität der Zuschauerresonanz. Ein eingeschalteter Fernseher heißt ja noch lange nicht, dass sein Besitzer die Sendung auch gerne und mit Gewinn anschaut. Einmal erreichte mich eine Mail, in der es sinngemäß hieß: »Immer ist diese nervige Moderatorin im Bild! Ich will die Landschaft sehen und nicht Frau Kallert.« Ich frage mich, warum sich der Schreiber dieser Mail die Sendung 90 Minuten angeschaut hat. Es gibt im WDR ganz tolle Dokumentationen ohne Moderation, die ihm bestimmt besser gefallen würden.

Der Auftrag der öffentlich-rechtlichen Sender lautet unter anderem: informieren und unterhalten. Sie sollen einen Beitrag zur individuellen und öffentlichen Meinungsbildung leisten. Weil eben nicht nur auf die Quote und entsprechende Werbeeinnahmen geschielt wird, müssen wir die Zuschauer auch nicht auf Teufel komm raus vor die Kiste locken. Ein großer Vorteil, der es uns erlaubt, wirklich den Zuschauer in den Mittelpunkt unserer Bemühungen zu stellen und ein Mehr an Qualität zu bieten. Deshalb ist für uns der Austausch mit den Zuschauern so wichtig. Das beginnt damit, dass wir in fast jeder Sendung dazu auffordern, uns zu schreiben, welche Länder und Regionen sie noch sehen möchten, welche Tipps sie für uns haben. So bekommen wir ein gutes Gefühl dafür, was wirklich interessiert. Auf Facebook und Instagram hat sich eine unglaublich empathische, liebevolle Fangemeinde zusammengefunden, die ich gerne mit Neuigkeiten von den Drehorten versorge. So mancher Kollege ist ein bisschen neidisch. Denn es ist ganz ungewöhnlich, dass über dieses Medium so wenig Negatives kommt. Viele, die in der Öffentlichkeit stehen, müssen leider mit den Anfeindungen von Menschen zurechtkommen, die einfach nur schlechte Stimmung verbreiten.

Beim Dialog mit den Zuschauern setzen wir nicht nur auf Mails und Facebook, auch die Retro-Variante kommt zum Zuge. Ich bin immer wieder gerührt, wie viel Mühe sich manche Zuschauer mit ihren Zuschriften machen. Oft kommen nicht nur einfache Blanko-Karten, sondern liebevollst gestaltete Kunstwerke. Ich erinnere mich noch gut an eine selbst gebastelte Karte. Wenn man die aufklappte, stellten sich Figuren auf, die eine kleine Reisesituation darstellten. Oder die vielen Briefe, in schöner Handschrift mit Füller auf edlem Briefpapier geschrieben. Was für ein wunderbarer, wertschätzender Austausch! Die Redaktion bemüht sich sehr, alle Zuschriften zu beantworten. Viele Briefe werden auch gleich an mich weitergeleitet. Als die

Sendung ausgestrahlt worden war, in der ich die Alpen zu Fuß überquere, erreichte mich der Brief eines neunjährigen Mädchens. Da war ein ganz goldiges, von ihr gemaltes Bild drin, auf dem ich mit rotem Rucksack über Berge laufe. In dem beiliegenden Brief schrieb sie davon, dass sie mit der gesamten Familie immer »Wunderschön!« schauen darf. Und nun hatten die Eltern den Plan gefasst, mit ihren Kindern auch über die Alpen zu wandern. Das Mädchen war glücklich, aber sie machte sich auch Sorgen. Sie fragte mich, ob sie das schaffen kann. Was für ein Vertrauen mir da entgegenschlug! Ich bin sehr dankbar dafür, dass die Beziehung zu meinen Zuschauern so persönlich und herzlich ist.

Diese Resonanz der Zuschauer und auch der Kollegen trägt und stützt mich, aus ihr schöpfe ich die Kraft für meinen oft anstrengenden Job. Vielleicht brauche ich diesen Zuspruch mehr als andere Menschen. Ich fürchte, ohne ihn würde ich innerhalb kürzester Zeit in ein tiefes emotionales Loch fallen.

Selbst kritische Rückmeldungen sind mir willkommen. Manchen Zuschauern bin ich zu aufgekratzt, das muss ich akzeptieren. Weil so eine Kritik ja nicht eine Rolle oder eine Funktion betrifft, sondern mich als Person, ist das allerdings nicht immer einfach. Früher hat mich persönliche Kritik sehr verunsichert. Aber mittlerweile sage ich mir: »Ich bin nun mal so und ich kann es unmöglich allen recht machen.« Es kommt auch vor, dass sich echte Fehler in die Sendung schleichen, auf die uns Zuschauer aufmerksam machen. Einmal sagte ich »in *den* Masuren« statt »in Masuren«. Peinlich! Es war auch niemandem in der Redaktion aufgefallen.

Unterm Strich aber überwiegen freundlicher Zuspruch und Anerkennung bei Weitem. Im persönlichen Kontakt wird mir das besonders deutlich. Die meisten Menschen, denen ich begegne, freuen sich, wenn sie mich sehen. Diese zufälligen Treffen laufen nicht nach dem Muster ab: schnell das Smartphone hochreißen und das Foto ins Netz stellen – »Ich hab ’nen Promi gesehen!«. Sondern es geht meist sehr wertschätzend zu. Wir drehten gerade an einem Fahrradverleih auf Pellworm. Eine junge Mutter und ihre beiden Kinder schauten ganz interessiert zu, wie ich eines der Zweiräder auslieh und mich über die große Fahrradglocke mit dem sinnlichen Klingelton freute, die an ihm befestigt war. Zwischendurch gab ich den Dreien einen Tipp, wo sie sich hinstellen können, damit sie vielleicht später im fertigen Film zu sehen sind. Als wir mit der Szene fertig waren, fasste sich das eine der Kinder, ein ganz knuffiger Bub von etwa zehn Jahren, ein Herz und kam auf mich zu. Ganz zutraulich erzählte er mir, dass sie immer die Sendung sehen. Und dann fragte er mich aus tiefstem Herzen: »Darf ich Sie mal umarmen?« Natürlich durfte er! Ich war total gerührt und dachte: »Wenn ich nicht schon wüsste, wofür ich diesen Job mache, dann wüsste ich es *jetzt*.«

Es ist eine große Freude, dass ich eine Arbeit machen darf, für die ich brenne und für die ich mein Bestes geben möchte. Wenn auch die Menschen, mit denen ich zusammenarbeite, genauso ticken, ist es kaum auszuhalten – so schön und erfüllend ist das. So ist es aber nicht immer. Einmal war ein Guide mit uns unterwegs, ich sag jetzt nicht, wo das war. Ich will ihn ja nicht in die Pfanne hauen. Es war ein ziemlich schräger Typ. Ich wundere mich, warum er als unser Begleiter durch die Region ausgesucht worden war, es hatte ja Vorgespräche gegeben. Er war sehr belesen, wusste viel, doch es war absolut mühsam, mit ihm auszukommen. Von Anfang an verhielt er sich dem Team gegenüber ziemlich überheblich, das Medium Fernsehen fand er absolut überschätzt. Nicht nur einmal fragten wir uns: »Warum ist er eigentlich mit uns unterwegs, wenn er keinen Bock dazu hat?« Für die Abläufe beim Drehen hatte er keine Geduld. Das häufige »Das hatte schon viel Schönes, aber jetzt bitte noch einmal, etwas kürzer«, das bei seinem umständlichen Redeschwall echt nötig war, ertrug er nicht so wie wir mit Geduld und Professionalität, sondern es verstärkte nur seine schlechte Laune. Er fühlte sich sogar persönlich auf den Schlips getreten, wenn er seine Sätze mehrmals hintereinander in die Kamera sprechen sollte. Seine Motzigkeit hat uns viel Arbeit gemacht. Doch ein fliegender Wechsel ging nun nicht mehr. Mit viel Geduld brachten wir die Dreharbeiten hinter uns. Es fehlten nur noch die allerletzten Einstellungen. In einem Lokal wollten wir wie immer zum Abschluss noch mal zeigen, was sich in unserem roten Rucksack angesammelt hatte. Wieder einmal dauerte es seine Zeit, bis Kamera, Beleuchtung und Ton bereit waren. In der Zwischenzeit kippte sich unser Freund einiges hinter die Binde. Er war bald richtiggehend angeschickert. Als er dann auch noch anfing zu nuscheln, fragte ich mich, ob überhaupt noch ein abschließendes Interview mit ihm zustande kommen würde. Auch der Rest des Teams merkte, dass es eilte. Mit jedem weiteren Glas stand unser Guide auf immer wackeligeren Beinen. Was für eine skurrile Situation! Schnell noch ein Licht positioniert, Kamera läuft. Ein paar Sätze gewechselt – überstanden! Am Ende wurden viele Einstellungen, auf denen der Grantler mit dabei war, herausgekürzt. Der Rest wurde so geschnitten, dass unser Guide als skurriles Element – passend zur Region – rüberkam.

Viel schöner ist es natürlich, ohne Bremsfaktor gut und leidenschaftlich arbeiten zu dürfen. Da war zum Beispiel dieser Abend in Maastricht. Das kleine Städtereisen-Team war schon den ganzen Tag auf den Beinen gewesen und Kameramann Uwe wollte noch von einer der Brücken über die Maas ein paar schöne Impressionen filmen. Es war eiskalt und alle zog es eigentlich nur noch ins Warme. Die Sonne war schon untergegangen, es wurde immer kälter und die ersten Laternen gingen an. Ich dachte, zehn Minuten reichen, dann können wir endlich Feierabend machen. Aber Uwe sagte: »Nein, das Licht ist noch nicht ganz so, wie ich es mir vorstelle.« Also warteten wir auf die Blaue Stunde, wenn das Licht magisch ist und die Abendstimmung besonders viel Atmosphäre vermittelt. Ich lehnte an der Steinbrüstung der Brücke, die Kälte kroch immer weiter hinein in die Knochen, es wurde immer dämmriger, aber Uwe war immer noch nicht zufrieden. Endlich, nach einer guten Dreiviertelstunde, fing er an zu filmen. Ganz kurz nur. Nachdem wir noch eine kleine Abmoderation gemacht hatten, packte Uwe seine Kamera ein und sagte: »Jetzt können wir gehen.«

Ob die Zuschauer gemerkt haben, dass das Licht besonders blau und stimmungsvoll war? Ich weiß es nicht. Es gibt in meinem Beruf keine starren Regeln und keine eindeutige Erfolgskontrolle. Da hat uns jeder Handwerker etwas voraus. Wenn der Heizungsinstallateur die Anschlüsse falsch zusammenschraubt, bleibt die Wohnung seines Kunden kalt. Uns muss es reichen, dass wir alle unser Bestes geben, wenn wir drehen. Oft kämen wir wohl auch mit weniger Einsatz durch, trotzdem legen wir uns ins Zeug. Jeden Tag haben wir die Wahl zwischen der Haltung »Merkt doch keiner!« und dem Anspruch, unsere Arbeit richtig gut zu machen – für uns selbst und für die anderen. Ich bin überzeugt, der Erfolg unserer Reisesendungen liegt daran, dass wir uns regelmäßig für Variante zwei entscheiden.

6 MITTENDRIN STATT NUR DABEI

»Was dem Einzelnen nicht möglich ist, das schaffen Viele.«

Friedrich Wilhelm Raiffeisen (1818–1888)

Nächstes Ziel: Seychellen. Ich sitze am Gate in Düsseldorf, mein Bordgepäck steht neben mir, ein paar Unterlagen liegen griffbereit in meiner Handtasche. Mit ihnen will ich mich während des Fluges auf die kommende Woche einstimmen. Was macht diese Inseln aus? Welche Sehenswürdigkeiten stehen auf dem Programm? Und mit wem genau werde ich Gespräche führen? Entspannt lehne ich mich in meinen Schalensitz zurück und schaue hinaus aufs Rollfeld, wo Techniker mit Ohrenschützern geschäftig hin und her laufen. Auf den Wartesessel neben mir lässt sich eine fremde Dame nieder. Ein freundliches Kopfnicken. In diesem Moment fällt bei mir der Groschen. »Huch! Ich bin ja ganz alleine!« Stimmt. Vom Team ist dieses Mal niemand auf dem Flug dabei, die einen sind schon vor Ort, die anderen fliegen mit anderen Maschinen. Die Erkenntnis trifft mich ganz unvermittelt: Ich bin nur ganz selten solo unterwegs! Hmm, eigentlich nie. Ich überlege, in welcher Reisesituation ich mal ohne Begleitung war. Wie merkwürdig! Mir fällt keine ein. Keine einzige! Weder beruflich noch privat. Ich kann's gar nicht glauben! In zwanzig Jahren habe ich bei Wind und Wetter weit über hundert Destinationen bereist, Wüsten und Wälder durchstreift, bin auf alte Gemäuer und Vulkane geklettert, auf Kamelen, Eseln und Elefanten geritten ... mit fast jeder Reisesituation bin ich locker zurechtgekommen. Aber mir ist nie bewusst gewesen, dass ich bei all diesen Abenteuern immer bekannte Gesichter um mich herum hatte. Nur jetzt nicht. Ich komme mir ganz verloren vor. Erstaunt stelle ich fest, dass ich gar nicht genau weiß, wie meine heutige Reise abläuft. Ist die Zwischenlandung in Abu Dhabi oder in Dubai? Und wie hieß noch mal das Hotel? Logistik und Landkarten interessieren mich nicht so sehr, in solchen Dingen verlasse ich mich gerne auf andere. Im Team ist immer jemand dabei, der genau weiß, wo es langgeht. »Es wird ja wohl nicht so schwer sein, im Alleingang auf die Seychellen zu kommen!«, sage ich zu mir selbst. Es ist ja alles fertig geplant und gebucht. Doch mein Wunsch, irgendwo anzudocken, ist geradezu übermächtig. Also rufe ich erst mal zu Hause an. Das mache ich sonst eher selten. »Ich bin jetzt am Gate. Gleich fliegen wir los.« Sonst wundere ich mich ja immer über diejenigen, die im Zug und am Flughafen solche Selbstverständlichkeiten mitteilen. Jetzt gehöre ich selbst zu ihnen. Als mich vierzehn Stunden später auf der Seychellen-Hauptinsel Mahé ein Fahrer mit Pappschildchen in Empfang nimmt, bin ich richtig erleichtert. Auf holprigen Straßen fährt er mich zum Guest House, wo schon das Team wartet und es ein großes Hallo gibt. Von meiner Seite fällt es noch ein bisschen inniglicher aus als sonst.

Da sitzt Tamina am Flughafen und merkt, dass dieses Mal keiner da ist, dem sie sich anschließen kann. Warum erzähle ich das? Die plötzliche Erkenntnis auf dem Düsseldorfer Flughafen, wie stark der Austausch mit anderen Menschen mein Leben und meine Arbeit bestimmt, ist mir heute noch sehr präsent. Ein richtiges Aha-Erlebnis!

Deshalb soll es in diesem Kapitel um Freud und Leid der Zusammenarbeit im Team gehen. Und darum, dass es ohne das ausgewogene und intensive Miteinander keine einzige »Wunderschön!«- oder »2 für 300«-Folge gäbe.

Wie entsteht eigentlich so eine Sendung? Der erste Schritt ist, dass wir überlegen, welche Reiseziele für die Zuschauer interessant sein könnten. Natürlich spielen bei dieser Entscheidung auch die Zuschauerzuschriften eine Rolle. Als Nächstes wählt die Redaktion die Autoren aus, die die einzelnen Folgen inhaltlich umsetzen sollen. Mit dem Autor entwickelt die Redakteurin dann ein grobes Drehbuch: Was soll auf jeden Fall rein? Die Eifel ohne Maare geht nicht. Und Mailand ohne Mailänder Dom auch nicht. Neben den Eckpunkten der Reise legen die beiden zum Beispiel auch fest, wie der rote Faden der Sendung sein soll. Wird es eine Rundreise sein oder geht es nach Themen – erst Weinbau, dann Naturparks, dann Märkte und Strände? Manchmal folgt die Sendung einem historischen Weg oder einem Fluss von der Quelle bis zur Mündung. Oder es gibt eine Challenge, eine Herausforderung. Zum Beispiel eine Woche Heilfasten in St. Peter-Ording. Ob wir das schaffen? Auch wir Moderatoren bringen Ideen mit ein. Jetzt steht das grobe Gerüst der Sendung und der Autor beginnt mit der genaueren Ausarbeitung des Drehbuchs. Er macht sich auf die Recherchereise, redet mit den Leuten vor Ort und schaut sich die infrage kommenden Locations an. Dass bei entfernteren Reisezielen die Hilfe eines Stringers sehr nützlich ist, der sich im Land gut auskennt, hatte ich ja schon erzählt. Nach ungefähr einer Woche ist genug Material zusammengekommen.

Wieder zurück in Köln, aktualisiert der Autor in Abstimmung mit dem Redakteur das Drehbuch. Jetzt steht fest, welche Geschichten und Aktivitäten auf jeden Fall in die Sendung kommen sollen.

In der Zwischenzeit hat die Redakteurin mit der Aufnahmeleitung das restliche Team zusammengestellt. Weil der WDR in Köln das zweitgrößte Medienhaus Europas ist – nur die britische BBC hat noch mehr Mitarbeiter –, kann sie aus einem großen Pool an Fachleuten auswählen. Welcher Kameramann soll dieses Mal mitfahren, wer wird sich um den Ton kümmern, welcher Maskenbildner hat Zeit? Und wer moderiert die Sendung? Bei »Wunderschön!« hat sie die Wahl zwischen Stefan Pinnow, Andrea Grießmann, Marco Schreyl und mir – dazu erzähle ich im nächsten Kapitel noch ein wenig mehr. Ich finde es immer sehr spannend, die fertige Teamliste zu sehen. Denn dann bekomme ich schon mal eine Ahnung davon, ob die Dreharbeiten voraussichtlich wie am Schnürchen laufen werden oder ob es wohl eher mühsam wird. Es gibt ja bewährte Konstellationen, doch nicht immer haben diejenigen, mit denen es das letzte Mal so gut geklappt hat, zum geplanten Termin Zeit. Dann wird jemand anderes mit möglichst gleicher Qualifikation beauftragt. So ergeben sich immer wieder neue Zusammenstellungen. Und jedes Mal müssen wir uns von Neuem aufeinander einstellen.

Das fängt schon beim Umgangston an. Bei der einen Reise geht es humorig-flapsig, manchmal sogar rau zu. Dann grinst der Kameramann nur, wenn er besonders viel Mühe und Zeit auf eine bestimmte Einstellung verwendet und zu hören bekommt: »Da braucht unser Fellini ja mal wieder ewig, um das Bild einzurichten!« Bei anderen Reisen trifft ein freundlich gemeintes »Schaffst du's oder soll ich dir helfen?« auf zarter besaitete Gemüter und sorgt für Verstimmung. Manchmal habe ich gerade mit einem Team zusammengearbeitet, in dem es eher hemdsärmelig zuging, und gleich darauf geht es mit Kollegen weiter, die viel Wert auf korrekte Umgangsformen legen. Dann kann es schon mal sein, dass mir ein Spruch allzu flott rausrutscht. »Kommt, Mädels, weiter geht's! Mut zur Lücke!«, kommt in so einem Fall nicht so gut an.

Die vielen intensiven Momente auf einer Drehreise sorgen dafür, dass wir Teamkollegen miteinander stärker verbunden sind als normale Bürokollegen. Da war zum Beispiel der Tag, an dem wir den Zuschauern das am Gardasee angebotene Canyoning vorstellen wollten. Wir kämpften uns unter der Führung eines kundigen Guides in Neoprenanzügen einen Gebirgsbach entlang, liefen teils mit Turnschuhen durchs Wasser, dann gab es Stellen, an denen wir springen oder uns abseilen mussten. Ganz schön abenteuerlich! Und es hat einen Riesenspaß gemacht. Als Zuschauer vergisst man manchmal, dass natürlich nicht nur diejenigen in Aktion sind, die vor der Kamera stehen. Auch der Rest des Teams muss mit. Wenn es also bei der Canyoning-Tour hieß: »Hier müssen wir springen«, dann galt das für alle – auch für die Maskenbildnerin, die unter Höhenangst litt. Tapfer und klaglos machte sie alles mit. Doch irgendwann stand ein Sprung an, der sie an ihre Grenzen brachte: Von einem fünf Meter hohen Felsen ging es in die nächste Gumpe hinein. Als sie da oben stand und richtig Manschetten hatte, fieberten wir alle mit. Sie schaffte es und wir alle waren mit ihr stolz und glücklich. So ein »Weißt du noch ...?« wirkt wie ein besonders starker Kitt – auch dann, wenn man erst ein paar Monate oder gar Jahre später wieder mal zusammenarbeitet.

Es heißt ja: Reisen ist der ultimative Beziehungstest. Das gilt nicht nur für Liebespaare, sondern auch für Kollegen in einem Drehteam. Bei Menschen, die von morgens bis abends eng aufeinander hocken, gibt es nicht viel, was auf Dauer verborgen bleibt. Zwangsläufig kommen elementare Persönlichkeitszüge zutage. Selbst bei perfekt aufeinander eingespielten Teams lauert Konfliktpotenzial. Zum Beispiel hat jeder ein unterschiedliches Distanzgefühl. Bei diesem Thema muss ich mich aber auch an die eigene Nase packen. Jeder kennt das, wenn jemand neben einem im Zug so laut telefoniert, dass der halbe Waggon mithören kann. Wie unangenehm! Doch manchmal erwische ich mich dabei, dass ich selber laut telefoniere und der Nebenmann alles im Detail mitbekommen hat. Im Zug steigt man nach einer gewissen Zeit wieder aus und die Sache ist erledigt. Doch im Team können diese und andere Distanzlosigkeiten auf die Dauer ganz schön auf die Nerven gehen.

Ich finde Rückzugsräume während langer Drehreisen ganz besonders wichtig. Einmal waren Mehrbettzimmer für uns gebucht worden. »Ihr versteht euch alle so gut, dann könnt ihr doch auch die Zimmer miteinander teilen.« Nein, eben nicht. So inspirierend die Arbeit im Team auch ist, nach zwölf bis vierzehn Stunden Gemeinsamkeit ist es ganz schön, wenn man abends eine Tür hinter sich schließen kann. Manchmal sind die Umstände allerdings so, dass man mehr als sonst zusammenrücken muss, und das betrifft nicht nur Drehorte am Rande der Zivilisation. Nach einem Fest der Freiwilligen Feuerwehr in den Schweizer Bergen teilte ich mit der Autorin und der Maskenbildnerin ein Minizimmer, in dem drei Pritschen standen. Kein Problem – man muss im Team durch manche Härten durch. Und wir drei hatten sogar beim gemeinsamen Zähneputzen unseren Spaß. Trotzdem fanden wir alle: Zum Normalfall sollte so etwas nicht werden.

Sich immer wieder neu aufeinander einschwingen müssen – das gilt nicht nur für den persönlichen Umgang miteinander, sondern auch für die Arbeitsweise. Vor allem dann, wenn neue Teammitglieder dabei sind, kann das für alle Beteiligten ein wenig mühsam werden. »Neu« bedeutet nicht, dass es unerfahrene Kollegen wären. Ganz im Gegenteil – oft sind es extrem gute Meister ihres Handwerks. Doch es ist ein Riesen-Unterschied, ob man bei einer Talkrunde im Studio den Ton macht oder im Freien dafür sorgen muss, dass die Erklärungen und Ausrufe der bewegungsfreudigen Moderatorin sauber aufgezeichnet werden. Manchmal will der Neuzugang im Team auch umständlich was ganz Besonderes ausprobieren und die altgedienten Kollegen müssen dann erklären, dass das schon längst versucht wurde und das Ergebnis nicht so doll war. Oder dass die Idee nicht in den Rahmen der Sendung passt. Ein Kameramann, der noch nie bei »Wunderschön!« mit dabei war, hat vielleicht noch nicht verinnerlicht, dass er zum großen Teil »von der Schulter« drehen soll und er deshalb das Stativ meistens im Auto lassen kann. Es ist wie immer im Leben: Mit manchen Menschen läuft's nach kurzer Zeit geschmeidig, bei anderen knirscht und hakt es bis zum Ende. Wenn ich die Teamliste zum ersten Mal sehe, kann also meine erste Reaktion sein: »Och nee, mit *der* haben wir ja noch nie zusammengearbeitet! Und muss *der* denn wieder mit dabei sein? Gut, dass wenigstens die Kamerafrau vom letzten Mal wieder mitkommt.« So oder so ähnlich geht es allen im Team.

Manchmal erwische ich mich bei dem Wunsch, dass doch bitte immer nur bewährte Kollegen, mit denen es so richtig flutscht, mitkommen sollen. Doch es gibt ja auch noch eine ganz andere Perspektive. Ein perfekt aufeinander eingespieltes Team läuft Gefahr, dass es sich selbstzufrieden gegen neue Ideen abschottet – und das noch nicht einmal merkt. Ich glaube, die »So haben wir das aber schon immer gemacht«-Haltung nistet sich schneller in Köpfen ein, als man denkt. Deshalb weiß ich, dass es kurzsichtig ist, immer nur mit derselben Truppe losziehen zu wollen. Auch wenn es manchmal mehr Arbeit macht, weiß ich es deshalb sehr zu schätzen, wenn jemand Neues mit dabei ist. Wer will schon zu einem unbeweglichen Dino mutieren? Unterm Strich hat sich die Mischung aus Menschen, die seit vielen Jahren gut zusammenarbeiten und sich teilweise blind verstehen, und denen, die neu dazukommen und frischen Wind reinbringen, als sehr erfolgreich erwiesen.

Nun zur Hauptaufgabe eines Teams: der Austausch miteinander. In einem echten Team wurschtelt ja nicht jeder vor sich hin. Wenn zum Beispiel die Aufnahme einer lauschigen Gasse im Drehplan steht, kann es sein, dass der Kameramann sagt: »Das Licht ist jetzt ganz ungünstig, das werden keine schönen Bilder.« Der Autor schlägt vor, von einer anderen Stelle aus zu drehen. Aber dann meldet sich der Tontechniker zu Wort: »Nee, von da drüben geht das gar nicht, da ist die Durchgangsstraße zu nah dran.« Gemeinsam überlegen wir: Können wir auf die Einstellung verzichten? Einer blättert im Drehbuch: »Später filmen wir noch mal in einer ganz ähnlichen Umgebung!« Stimmt – aber dort ist es nicht ganz so malerisch wie hier. Sollen wir also in ein paar Stunden noch mal herkommen und die Filmaufnahme unter besseren Lichtbedingungen nachholen? Aber dann müsste das für den Nachmittag geplante Interview ausfallen. Das passt mir wiederum nicht: »Auf das Gespräch sollten wir auf keinen Fall verzichten.« Es wird also viel diskutiert, jeder hat seine eigene Perspektive, seinen eigenen Stil. Immer wieder wird neu ausgehandelt, wessen Anliegen im Moment am meisten Gewicht hat. Manchmal muss auch ein Machtwort gesprochen werden, aber durch das Diskutieren und Abstimmen kommt am Schluss ein tolles, kreatives Produkt raus.

Es fällt mir manchmal ganz schön schwer, hinter den Vorstellungen der Kollegen zurückzustehen. Als wir im Westerwald drehten, begleitete mich der Schauspieler Joe Bausch vor der Kamera. Man kennt ihn aus dem Kölner Tatort, wo er den Gerichtsmediziner spielt. Joe ist im Westerwald aufgewachsen und führte mich zu vielen spannenden Ecken seiner Heimat. Mit der intuitiven Art, vor der Kamera zu stehen – »He, Joe, lass uns mal schauen, was uns dort drüben erwartet« –, kam er wunderbar klar. Da war zum Beispiel das stillgelegte Bergwerk. Schon beim Aussteigen aus dem Bus konnten wir sehen, dass es hier viel zu entdecken gab. Am liebsten wäre ich gleich mit Joe losgezogen. Aber dann hätte der Kameramann mit der Kamera auf der Schulter mitlaufen müssen. Doch der hatte eine ganz andere Vorstellung. Ihn juckte es in den Fingern, die alten Gemäuer nach allen Regeln seiner Kunst in Szene zu setzen. Er hatte sofort die optimale Perspektive im Kopf und stellte seine Kamera an entsprechender Stelle auf ein Stativ. Joe und ich sollten »ganz spontan« um die Ecke kommen, nach links schauen, nach rechts schauen und »Oh, schau mal!« rufen. »Ganz wichtig: Ihr dürft nicht weiter als bis zu dem Efeu da drüben gehen, sonst seid ihr aus dem Bild raus«, erklärte er uns. Es war mal wieder der alte Konflikt: Muss sich das Bild der Situation unterordnen oder die Situation dem Bild? Ein perfekter Bildaufbau mit festgetackerten Protagonisten lässt das Herz so manches Kameramanns höher schlagen. Ich bin allerdings mehr für die »spontane Wackelkamera«, wenn wir draußen unterwegs sind. Schon allein deshalb, weil ich dann nicht künstlich staunen muss.

Am stillgelegten Bergwerk im Westerwald habe ich mich zähneknirschend gefügt; im Gegenzug hatte mir der Kameramann versprochen, dass wir an anderer Stelle wieder spontan sein können. Er bereitete also seine Einstellung vor, dann kamen Joe und ich folgsam um die Ecke und machten brav vor dem Efeu Stopp. Ich schaute die Aufnahme gleich auf dem Display an, es war wirklich ein tolles Bild, das der Kameramann da gezaubert hatte. Großes Kino! Mein Einlenken hatte sich gelohnt.

Das Drehbuch setzt meist ziemlich genau fest, welche Szenen und Elemente aufeinander folgen sollen. Doch es gibt immer auch einigen Gestaltungsspielraum. Als wir mit dem Hausboot über den Canal du Midi in Südfrankreich schipperten, war ich manchmal nicht ganz glücklich mit der Auswahl der Drehorte. Der Autor hatte ein gewisses Faible für alte Burgen, dicke Stadtmauern und Rittergeschichten. Faszinierend – aber wo blieben denn die vielen bezaubernden Lädchen mit den provenzalischen Düften, Ölen und Stoffen? Und was war mit den kulinarischen Genüssen der Provence? Jeder Autor stellt andere Dinge in den Mittelpunkt. Wenn ich allein die Locations ausgesucht hätte, hätte mit Fug und Recht jemand anderes sagen können: »Und was ist mit den Ritterburgen?« Es gab also auch Diskussionen, warum wir nicht mal eines der vielen Lädchen vorstellen könnten. Mit dem Argument »Lass es uns drehen, dann können wir immer noch schauen, ob wir es mit reinnehmen« setzte ich einige meiner Vorschläge durch. Geradezu berüchtigt bin ich zum Beispiel dafür, dass ich die sinnlichen Elemente im Film nicht zu kurz kommen lassen will. So auch bei der Alpenüberquerung zu Fuß – nicht nur vom Aufbau der Sendung her, sondern auch für mich persönlich eines meiner Highlights der »Wunderschön!«-Reihe. Natürlich prägten da vor allem die unglaublichen Gebirgslandschaften und großartigen Ausblicke das Bild. Aber wir kamen auch immer wieder an unwirtlichen Felsspalten vorbei, in denen ein winziges Blümchen sich der Sonne entgegenstreckte. So etwas berührt mich zutiefst. Und ich glaube, dem Zuschauer geht das genauso. Ob Alpenblümchen im kargen Gebirgsschotter oder wohlriechendes Veilchen am Waldweg – wenn ich so etwas sehe, geht mir einfach das Herz auf. Dann rufe ich: »Kommt mal schnell her! Schaut doch mal! Hier – das Blümchen!« Und oft kniet sich dann der Kameramann auch wirklich hin und macht eine Makroaufnahme. Dass diese kleinen Miniaturen oft ihren Platz im fertigen Film finden, darauf bin ich richtig stolz. Denn wir wollen dem Zuschauer ja nicht nur das große Bild bieten, wir möchten ihn auch ermuntern, genau hinzuschauen und die vielen wunderbaren Momente am Wegesrand zu genießen.

Nicht nur ich, jeder im Team hat Vorschläge, wie es noch besser werden kann. Das kann sogar dazu führen, dass ein gesamter Drehplan komplett umgestellt wird, wie die folgende Geschichte zeigt. Es war Anfang März und das Wetter ungewöhnlich schlecht. Das Team für die Reise nach Lissabon war zusammengestellt, alles war fertig geplant und gebucht. Nur noch wenige Tage bis zum Abflug und noch immer war das Wetter miserabel. Ständig schauten wir auf den Wetterbericht, ob sich der Regen nicht bald verziehen würde. Doch es sah nicht danach aus. Es war der Kameramann, der die Notbremse zog: »Das wird nichts. Lissabon ist eine Stadt mit morbidem Charme. Wenn wir da bei Dauerregen drehen, wird das richtig depressiv. Wir sollten den Lissabon-Dreh verschieben.« Die Redakteurin vertraute dem Kameramann und zauberte kurzfristig eine ganz andere Reiseplanung aus dem Hut. Wir fuhren nach Prag. Da gab es erst mal ein großes Ogottogott! Denn Prag war über Nacht verschneit. Die Sendung sollte aber im Juni ausgestrahlt werden. Da darf es in der Sendung auch mal grau sein, aber für Bilder, die offensichtlich im Winter aufgenommen wurden, ist der Frühsommer kein guter Zeitpunkt! Es schien, als wären wir vom Regen in die Traufe gekommen. Doch wir hatten Glück und der Schnee schmolz schnell wieder. Wir erlebten eine prächtige Stadt mit freundlichen, leidenschaftlichen Menschen. In Lissabon regnete es weiter, doch wir durften in Prag bei strahlender Sonne von einem Aussichtspunkt aus den Blick auf die Moldau genießen. Und Lissabon, die Stadt des Lichts, haben wir dann einige Wochen später besucht – ohne Regen.

Sich arrangieren, dem anderen vertrauen und jeden mal auf seine Kosten kommen lassen, das ist das Erfolgsrezept für die Arbeit im Team. Es erfordert von allen Kollegen eine hohe Kompromissfähigkeit und auch Wertschätzung für die Leistung der anderen. Doch wann versuche ich, meine eigenen Vorstellungen durchzusetzen? Und wann ist es besser, es auch mal gut sein zu lassen? Ich finde es gar nicht so einfach, hier immer eine gute Entscheidung zu treffen. Es ist nur ein schmaler Grat zwischen einem fruchtbaren Diskussionsbeitrag und einer unerwünschten Einmischung, wie der Kollege seinen Job machen soll. Als »Wunderschön!« vor über zehn Jahren startete, war ich »nur« das Gesicht der Sendung. Ich machte freundlich und professionell, was mir gesagt wurde. Doch mit der Zeit lernt man ja, wie der Hase läuft. Und mir wurde bald klar, dass ich mehr draufhabe, als eine Projektionsfläche zu sein. Es folgte eine Zwischenphase, in der ich mich entfaltete und nach einem guten Weg für mich suchte. Das war manchmal ganz schön stressig. Ich fürchte, damals habe ich mich oft zu sehr in die Arbeit anderer eingemischt und damit die Leute ziemlich genervt. Mit zunehmender Erfahrung aber bin ich insgesamt entspannter geworden. Ich habe mir einen Platz im Team erkämpft, der mir guttut – und ich denke, dem Endergebnis unserer Arbeit auch.

Manchmal ist es einfach gut, Verantwortung abzugeben und loszulassen. Doch nicht immer will mir das gelingen. Es ist gar nicht so lange her, dass es deswegen im Team ganz schön gekracht hat. Die Dreharbeiten in Sri Lanka hatte ein Autor vorbereitet, den ich sehr schätze und mit dem ich schon oft zusammengearbeitet habe. Er hat viel Erfahrung, ist leidenschaftlich und sehr impulsiv – so wie ich auch. In diesem Fall eine explosive Mischung! An jenem speziellen Tag waren wir schon stundenlang mit dem Minibus durch die Teeplantagen gekurvt. Unser Fahrer war ein distinguierter, älterer Herr namens Siri. Während seiner Vorrecherche hatte der Autor einen kleinen Markt am Straßenrand entdeckt, an dem hielten wir nun. »Also, Tamina«, sagte er, »Du steigst jetzt aus dem Auto und entdeckst mit Siri, was es an dem Stand da drüben so alles gibt!« Das hörte sich ganz einfach an, so was habe ich ja auch schon hundertmal gezeigt. Es gab für mich nur ein Problem: Nicht immer werden die Abläufe chronologisch abgefilmt. Deshalb wollte ich vom Autor wissen, an welcher Stelle im fertigen Film wir uns gerade befinden. Wo kommen wir her, was wissen die Zuschauer bereits? Und geht's um das Angebot am Stand oder um den Menschen, der sie verkauft? Entdecke ich nur die herrlichen Früchte und Speisen oder schaue ich mich auch ein wenig um? Und tatsächlich, gleich hinter dem Stand war ein Park mit interessanten Tempelfiguren. »Da könnten wir doch auch noch hingehen!« Wir hatten mal wieder wenig Zeit und wir waren alle schon ein wenig angestrengt. Deshalb fiel die Antwort des Autors etwas harsch aus: »Nix wird da entdeckt! Du steigst einfach nur aus und kaufst was zu essen.« Falscher Ton! Gerade zu solchen Ansagen – »Tamina, mach jetzt einfach mal, was ich dir sage!« – hatte sich schon einiges in mir angestaut. Ich wusste gar nicht, wohin mit meinen Emotionen, und bin explodiert, aber richtig. Der wohlerzogene Siri rutschte immer tiefer in seinen Sitz und wusste gar nicht mehr, wo er hinschauen sollte. Es war schrecklich. Jetzt bloß nicht auch noch anfangen zu heulen! Fünf Minuten später war das Gewitter vorbei. Ich sehe noch vor mir, wie Siri den Autor ganz mitleidig tätschelte. Also einmal tief Luft holen. »Okay«, sagte ich, »ich komme also aus dem Bus und kaufe was zu essen ...« Als wir auf den Verkaufsstand zugingen, lief Siri ganz eingeschüchtert an meiner Seite. Dass eine Frau laut wird – undenkbar in Sri Lanka! Aber ich war schon wieder in der Spur. Gute Laune verströmend sagte ich: »Du, Siri, da dampft ja was! Schau mal! Was ist das denn? Hmmmm, das riecht aber lecker!«

Natürlich hätte der Autor in nur zwei Minuten meine Fragen beantworten können. Aber ich hätte ihm auch vertrauen können, dass ich in diesem Moment einfach nur die Essensstände entdecken sollte. Später habe ich mir die Szene im Film angeschaut und war überrascht, wie wenig man merkt, dass es nur eine Minute zuvor ordentlich gekracht hatte. Meine Kollegen kennen das schon: Wenn die Stimmung beim Dreh angespannt ist, bin ich vor der Kamera besonders aufgekratzt. Wenn diejenigen, die nicht mit dabei waren, den fertigen Film anschauen und es ist eine Szene dabei, in der ich etwas zu sehr aufdrehe, dann sagen sie: »Na, da wart ihr mit ein bisschen viel Druck unterwegs, oder?«

Manchmal geht alles glatt während einer so intensiven Drehzeit, aber es kommt auch vor, dass es nach einer gewissen Zeit anfängt zu knirschen. Meiner Erfahrung nach wird es meist am sechsten Tag kritisch. Wir Teammitglieder reißen uns eine gewisse Zeit am Riemen und überspielen schwelende Auseinandersetzungen. Und dann plötzlich gibt es Streit. Enorm, was sich da entladen kann! Sieben bis acht Drehtage für den Moderationsdreh von »Wunderschön!« bedeuten eben auch: *no escape*. Meistens ist die Atmosphäre dann wieder gereinigt und wir können frisch weitermachen. Ich habe es aber auch schon erlebt, dass zwei Kollegen bis zum Ende der Dreharbeiten nicht mehr miteinander redeten und sich auch weigerten, zusammen in einem Auto zu fahren.

Schlimmer ist es, wenn ein Stinkstiefel mit im Team ist, der sich mit allem und jedem verkracht. Für die anderen ist es dann ein doppelter Kraftakt, die Leichtigkeit rüberzubringen, die unsere Reisesendungen ausmacht. Und noch eine weitere Teamkonstellation gibt es, die sehr mühsam sein kann: zwei Napoleons vor Ort. Wenn die beiden nicht gerade befreundet sind, wird das schwierig. Als wir vor vielen Jahren in Sachsen drehten, waren ein dominanter Autor und ein dominanter Redakteur als Doppelspitze im Team – damals reisten die Redakteure noch mit zum Dreh. Auf dem Plan stand auch ein kleines Gespräch mit dem damaligen Ministerpräsidenten Kurt Biedenkopf. Wir waren auf dem Weg zu seiner Dienstvilla am Dresdner Elbhang, wo Herr Biedenkopf und ich zusammen in dem parkähnlichen Garten ein wenig lustwandeln würden. Ich saß in der Mitte der Dreierbank in unserem Teambus, links und rechts von mir der Redakteur und der Autor. Sie redeten auf mich ein, was ich unbedingt sagen und fragen müsse. Beide torpedierten mich auch noch mit Antwortprognosen: »Also Tamina, wenn er dann das und das sagt, dann könntest du mit dem und dem antworten. Wenn er aber dies und jenes sagt, dann musst du so und so reagieren.« Ein Gespräch in Einzelheiten vorausplanen zu wollen, geht sowieso schief. Als Gesprächspartner muss ich gut vorbereitet sein und vor allem gut zuhören, nur dann kann ich flexibel auf jede Wendung reagieren. Ist der Verlauf zu starr vorausgeplant, gibt es keine Luft mehr für die Situation an sich. Das wussten die beiden Kollegen natürlich selber, aber irgendwie schaukelten sie sich gegenseitig hoch, keiner wollte dem anderen das letzte Wort lassen. So kam es, dass ich völlig überzogene Regieanweisungen in Stereo aus zwei völlig unterschiedlichen Kanälen aufs Ohr bekam. Als wir später ausstiegen, fragte mich die Maskenbildnerin, die hinter uns gesessen hatte: »Sag mal, Tamina, wie hältst du das eigentlich aus? Ich puder dich noch mal ab, dann kannst du erst mal etwas durchschnaufen.«

Am Ende ging das Gespräch wunderbar über die Bühne. Kurt Biedenkopf ist eben sehr freundlich und ein Megaprofi im Umgang mit Medien. Da konnte ich gar nicht viel falsch machen. Er wusste genau, in welchem Rahmen sich die Sendung bewegt, für die er interviewt wurde. Übrigens: Die richtigen Vollprofis im Medienbereich habe ich meist als sehr angenehm im Umgang kennengelernt. Sie wissen genau, was von ihnen erwartet wird, und kommen schnell zum Punkt. Es sind die sogenannten B-Promis, die gerne mal rumzicken und wichtigtun.

Jetzt war viel von den Anstrengungen der Teamarbeit die Rede. Es gibt natürlich auch die andere Seite und die ist unglaublich erfüllend und verbindend. Auch wenn unterschiedliche Persönlichkeiten und Herangehensweisen manchmal schwer unter einen Hut zu bringen sind, sind sie doch vor allem füreinander eine enorme Bereicherung. Wenn in einer gemeinsam erlebten Drehwoche jeder seinen Beitrag leisten durfte und darüber hinaus in einem fruchtbaren Miteinander ein tolles, kreatives Ganzes entstanden ist, dann ist das einfach nur ein unglaublich befriedigendes Gefühl.

Zum Team gehören auch diejenigen, die nur für eine gewisse Zeit dazustoßen, die Stringer zum Beispiel, die Fahrer und die Guides. Auch die Drohnen-Mannschaft gehört nicht zum Pool des WDR, sondern wird extern gebucht. Die Luftaufnahmen lockern den fertigen Film auf und bringen noch einmal ganz neue Perspektiven mit ins Spiel. Allerdings ist der Einsatz eines Multikopters ziemlich teuer. Deshalb reisen die Drohnen-Operatoren immer nur für einen oder maximal zwei Drehtage an. Wenn es gerade dann regnet oder neblig ist, ist der Druck groß. Als wir bei den Dreharbeiten für die Sendung über den Radweg von Aachen nach Trier so viel Pech mit dem Wetter hatten, stand uns die Drohne für zwei Tage zur Verfügung. Als wir uns hinterher die Aufnahmen auf dem Monitor anschauten, waren wir ganz schön frustriert – es war viel grau in grau zu sehen. Echt schade! Nur selten kann der Drohnen-Einsatz noch kurzfristig umgebucht werden. Zum einen scheitert das am vollen Terminplan der Operatoren. Zum anderen zieht das Drehteam ja weiter und an vielen Orten dürfen Drohnen gar nicht aufsteigen. An anderen *können* sie nicht eingesetzt werden, in Südtirol zum Beispiel sorgten Hochspannungsmasten bei Meran für Rückkopplungen. Gar nicht so einfach für das Team, das alles im Blick zu behalten.

Und dann gibt es noch ein ganz besonderes Ressort des WDR: die Kostüm- und Styling-Abteilung. Eine der Stylistinnen ist unter anderem für »Wunderschön!« zuständig. Sie zeigt mir zum Beispiel, welche Kleidungsstücke ich wie kombinieren kann, was gerade dem Trend entspricht. Und gemeinsam kommen wir zum Schluss, dass mir Chino-Hosen einfach nicht stehen. In regelmäßigen Abständen gehen wir zusammen einkaufen und suchen nach Kleidungsstücken, die meine privaten Klamotten perfekt ergänzen. Manche Kollegen sagen dann augenzwinkernd: »Ach, ihr geht shoppen«, aber eine reine Freude ist das nicht. Nach so einer stundenlangen Einkaufstour bin ich immer komplett platt. Mit unserem kleinen Budget von maximal 300 Euro kann man keine großen Sprünge machen. Wattstiefel, spezielle Fahrradkleidung, Hüttenschlafsack und Friesennerz sind teuer. Trotzdem – nach über zehn Jahren müsste da eine Menge Kleidung und Ausrüstung zusammengekommen sein. Doch was auf Kosten des WDR gekauft wird, ist eine Leihgabe und wandert nach den Dreharbeiten in den Fundus. Selbst dann, wenn es sich um durchgelatschte Turnschuhe handelt. So kann mit den Kleidungszuschüssen kein Missbrauch betrieben werden.

Oft werde ich von Zuschauern gefragt, was das für eine Uhr oder Jacke war, die ich vor der Kamera getragen habe. Natürlich beantworte ich solche Zuschriften gerne, doch es ist ein megasensibles Thema. Als ich noch beim privaten Sportfernsehen arbeitete, schickten bestimmte Markenunternehmen öfter mal eine Kiste mit Kleidung in die Produktionsfirma. Manches davon in unmöglichen Größen, aber immer wieder war etwas darunter, was ich gut brauchen konnte. Im Abspann wurde dann auf die Firmen hingewiesen. Das hat eigentlich niemandem wehgetan, denn den Inhalt der Sendung beeinflusste das nicht. Doch im öffentlich-rechtlichen WDR ist es ein absolutes No-Go, die Kleidung eines Sponsors zu tragen. Unabhängigkeit ist für uns das höchste Gut, deshalb wird sehr streng auf Schleichwerbung geachtet. Die Neutralität geht sogar so weit, dass wir uns bemühen, dominante Logos auf der Kleidung abzukleben und beim Dreh auf einer Ausflugsterrasse wenn möglich die Sonnenschirme mit Werbeaufdruck einzuklappen. Wir übernachten in der Regel auch nicht in einem Hotel, das wir im Film vorstellen. Nur bei Fernreisen gibt es manchmal eine Ausnahme. Wenn wir zum Beispiel über eine landestypische Safari-Lodge berichten, kann es sein, dass wir aus logistischen Gründen dort auch übernachten müssen. Doch einen Deal gibt es nicht – es wird immer der normale Preis bezahlt. Konsequent wird vermieden, dass uns jemand unterstellen könnte, wir würden nur deshalb positiv berichten, weil es eine Gegenleistung gab. Höchste journalistische Sorgfalt ist auch der Grund, warum die bei den Zuschauern sehr beliebte »Wunderschön!«-Rubrik »Tisch und Bett« geopfert wurde. Früher stellten wir in jeder Sendung eine Auswahl von Restaurants und Unterkunftsmöglichkeiten vor. Obwohl wir nie irgendeinen Vorteil daraus gezogen haben, wurde der Redaktion die Sache irgendwann zu kompliziert. Zu groß war die Sorge, dass irgendjemand sagt: »Ihr empfehlt die ja nur, weil ihr da umsonst essen oder schlafen durftet!«

Wenn das Team wieder nach Köln zurückkehrt, ist die Arbeit am Film noch lange nicht beendet. Nun kommen weitere Kollegen ins Spiel. Der Autor setzt sich mit dem Cutter zusammen in den Schneideraum, wo als Erstes das gesamte Material eingelesen und sortiert wird. Das ist ziemlich aufwendig, denn es wurde ja mit vielen verschiedenen Kameras parallel gedreht; auch die Videos, die ich mit meinem Handy gemacht habe, kommen in den großen Topf. Viele, viele Stunden Material kommen da zusammen. Früher hatten der Kameramann oder der Autor während des Drehs das gesammelte Material bei sich und wachten mit Argusaugen darüber. Nicht auszudenken, wenn dieser unersetzliche Schatz verloren gegangen wäre! Ich weiß noch, wie wir einmal kurz vor dem Heimflug im Abflugterminal beieinandersaßen und Kaffee tranken. Da kam der Aufruf für unsere Maschine: »Bitte begeben Sie sich zum Gate!« Eilig rafften wir unser Bordgepäck zusammen und machten uns auf den Weg. Wir waren schon ein Stückchen gelaufen, da fiel der Autorin auf, dass sie ihre Tasche stehen gelassen hatte. Da waren nicht nur Geld, Pass und Ticket drin, sondern auch die Disks mit den gesamten Aufnahmen aus zehn Drehtagen. Das sind so Schockmomente, die man nie vergisst! Wir hechteten gemeinsam zurück zum Kaffeestand – die Tasche stand noch unter dem Tisch.

Der Schnitt entscheidet nicht nur darüber, welche Geschichten es in den fertigen Film schaffen, sondern auch, wie sie erzählt werden. Mal sind die Schnitte gemächlich, dann wird wieder Tempo aufgebaut. Auch Karten und andere Inserts werden hier eingefügt. Insgesamt dauert diese Phase circa vier Wochen. Und immer noch ist Teamarbeit gefragt. Beim Color-Matching, bei dem die Farbsättigung abgestimmt wird, sitzt der Kameramann mit dabei. Schon während des Schnitts wird auch die Musik ausgewählt; es wird »auf Musik geschnitten«, sagt man. Sie ist ein wichtiges Element, das Emotionen wecken und betonen kann. Die Frage ist immer wieder: Wie weit darf sich die Musik in den Vordergrund drängen? Wie viel Raum muss für die »Atmo« bleiben? An der Reaktion der
 Zuschauer lässt sich erkennen, wie weit die Geschmäcker

hier auseinanderliegen. In ein und derselben Sendung kann es sein, dass die einen die aufdringliche Musik-Soße kritisieren und die anderen begeistert nach einer Playlist fragen. Dasselbe gilt für den Off-Text, den ich spreche. Wie viel Zusatzinformation braucht der Zuschauer? Was ist eine sinnvolle Information und was gehört in die Kategorie »überall drüberquatschen«? Muss ich mitteilen, dass es ein wunderschöner Morgen ist – oder merkt das der Zuschauer auch von alleine? Genau das ist der Knackpunkt: Mit zu viel Off-Text würden wir dem Zuschauer vorgeben, was er gefälligst zu fühlen und zu finden hat. Eine weitere Frage ist: Wie verpacken wir die Information? Wenn ich zum Beispiel an einer Wegkreuzung suchend nach links und rechts schaue und dann einen Wegweiser entdecke, kann ich den Zuschauer direkt in die Kamera ansprechen: »In der Eifel gibt es gut ausgeschilderte Wanderwege.« Dieselbe Information kann aber auch in Form eines inneren Dialogs rüberkommen. Dann sieht der Zuschauer eine ähnlich geschnittene Szene, aber ich spreche aus dem Off: »Muss ich jetzt hier links oder rechts fahren? Ah! Da ist ja ein Wegweiser!«

Gut, dass der Autor bei den Dreharbeiten mit dabei ist. Auch wenn wir nie zuvor zusammengearbeitet haben, kennt er nun meinen Sprachstil und kann in Absprache mit der Redakteurin die Off-Texte schreiben, sodass sie zu mir passen. Nur selten sehe ich beim Gegenlesen, dass sich an einer Stelle ein falscher Ton eingeschlichen hat. Dann sage ich: »Na, das klingt jetzt ein bisschen bräsig, oder?« Und dann überlegen wir, wie es authentischer wird. Manchmal fällt uns auch auf, dass wir den Bildern ruhig mehr vertrauen dürfen und ein, zwei geplante Sätze ganz weglassen können. In den letzten Jahren hat es da eine deutliche Entwicklung gegeben. Früher wurde der Zuschauer viel mehr zugetextet, heute wollen wir den Bildern ihre Kraft und Authentizität nicht nehmen und lassen lieber mal die Bilder für sich sprechen. Vor allem bei den Städtereisen verzichten wir fast vollständig auf Off-Texte à la »Diese Kirche wurde neunzehnhundertirgendwas erbaut.« Informationen dieser Art gibt es im Internet zuhauf, wir dagegen wollen lieber ein Gespür dafür rüberbringen, wie es sich in der bestimmten Stadt anfühlt – das kann kein Google.

Bei der Vertonung sitze ich allein mit Kopfhörer, Mikro und Manuskript vor dem Bildschirm im Studio; Redakteur, Autor und Tontechniker sind von mir durch eine Glaswand getrennt. Hier sehe ich den Film zum ersten Mal. Wie schön, jetzt das Ergebnis all der Bemühungen sehen und hören zu dürfen! Das ist für mich immer so, als würde ich eine Wundertüte aufmachen. Oft bin ich total happy. »Hach, da hat die Autorin ja wieder was richtig Schönes draus gemacht!« Wenn das Ergebnis nicht so ganz meinen Vorstellungen entspricht, dann ist das auch in Ordnung. Es hat ja jeder seine eigene Handschrift. Dasselbe gilt für die Musikauswahl. Manchmal bin ich ganz glücklich über die gewählte Musik und manchmal denke ich: »Bitte nicht! Das passt doch gar nicht.« Aber das sind Luxusprobleme, denn es ist immer gutes Handwerk, was am Ende herauskommt. Der allerletzte Schritt ist dann die Abnahme des Films durch den Redakteur.

Puh! Der Film ist fertig. Bis zum Schluss gab es Diskussionen um ein möglichst gutes Ergebnis. Ich glaube, gerade in den kreativen Berufen ist Teamarbeit eine ganz besondere Höchstleistung. Denn in anderen Branchen gibt es ein klares Richtig oder Falsch, die Ziele und die möglichen Wege dorthin sind eindeutiger. Die Fußballmannschaft schießt ein paar Tore oder nicht, das Verkaufsteam erreicht die vorgegebenen Umsatzzahlen oder nicht und Ärzten und OP-Schwestern gelingt die Operation – oder auch nicht. Wenn wir aber eine Reisesendung machen, dann gibt es so viele Vorstellungen davon, wie das Ziel, also der fertige Film, aussehen soll, wie das Team Mitglieder hat. Es gibt tausend Möglichkeiten, zu einem Ergebnis zu kommen, das der Zuschauer mit Freude annimmt. Das gemeinsame Ringen um den Weg dorthin macht einen guten Teil unserer Arbeit aus. Genau darin liegt aber auch die Faszination meines Berufes, finde ich. Anders würde ich es gar nicht haben wollen.

7 DIE TEEFEE

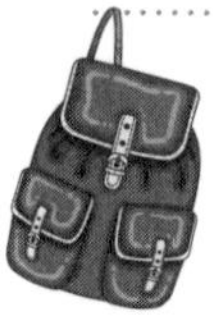

»Den größten Fehler, den man im Leben machen kann, ist, immer Angst zu haben, einen Fehler zu machen.«

Dietrich Bonhoeffer (1906–1945)

Ich weiß gar nicht mehr, wer auf den Namen »Teefee« gekommen war. Aber immer, wenn sich die Kollegen über den Weg laufen, die mit dabei gewesen sind, schmunzeln und lachen wir heute noch über die völlig abstruse Situation, die wir damals geschaffen hatten.

Wir drehten die allererste »Wunderschön!«-Sendung, Sylt im Winter. Die Erwartungen waren hoch und wir standen ziemlich unter Druck – es sollte eben alles ganz besonders perfekt werden. Ich hatte ja schon von meiner Kutschfahrt bei Eiseskälte in Endlosschleife erzählt. Auch bei einer weiteren Szene wollten wir nichts dem Zufall überlassen: die Einkehr in eine friesische Teestube. Keine Reise auf die winterliche Nordseeinsel ohne den typisch dunklen, kräftigen Tee mit Kluntjes und Sahnewölkchen! Die Autorin hatte ein passendes Café ausfindig gemacht, innen war alles in Blau-Weiß gehalten und mit bestickten Kissen und selbst gehäkelten Bordüren dekoriert. An diesem knackekalten Wintertag fiel also das gesamte Team in das kleine Lädchen ein und war ganz verzückt, weil die heimelige Atmosphäre so vollkommen unseren Vorstellungen entsprach. Weil man damals noch stark auf das »schöne Bild« setzte, dauerte es ewig, bis alles für die friesische Teezeremonie vorbereitet war. Die beiden Kameras waren mit ausgefeiltesten Strategieüberlegungen in Position gebracht, jedes Spitzendeckchen war ausgeleuchtet und der Tisch liebevollst hergerichtet mit schönem Geschirr, Töpfchen für die Kluntjes, winzigem silbernen Sahnepöttchen und einem Tellerchen mit Gebäck. Allein, bis der Gebäckteller zu aller Zufriedenheit in Position war! Er musste die richtige Größe haben (der Tisch sollte reich gedeckt sein, aber nicht übervoll wirken) und die richtige Menge Kekse präsentieren (zu viel: man sieht die Tassen nicht mehr, zu wenig: sieht knausrig aus). Endlich war alles fertig. Wir hatten mit schier unendlicher Sorgfalt und nach allen Regeln der Kunst den Raum so in Szene gesetzt, dass seine kuschelige Ausstrahlung greifbar wurde. Es war perfekt! Das gesamte Team seufzte wohlig zufrieden auf.

Nun endlich kam die Dame des Hauses ins Spiel. Sie hatte den ganzen Auftrieb mit steigendem Unbehagen beobachtet, der enorme Aufwand, den wir da betrieben, hatte sie total verunsichert. Man muss sich das vorstellen: Da werkeln an die zehn Leute buchstäblich stundenlang in der guten Stube herum und dann heißt es: »Und nun kommen *Sie*!« So eine große Bühne muss man aushalten können. Es gibt Menschen, die sind ganz vertrauensvoll, sie denken sich: »Die Profis sagen mir schon, was ich machen soll.« Andere sind eingeschüchtert. Ihnen widme ich mich möglichst entspannt, um die Angst vor der Kamera zu nehmen. »Ich freue mich darauf, dass Sie mir gleich den Tee einschenken. Gar nicht auf die Kollegen und die Kameras achten, die sind für uns beide gar nicht da. Sie schauen einfach nur mich an. Wir beide haben hier eine nette Begegnung, mehr passiert nicht.«

Die Instruktionen für die Teefee hörten sich ganz einfach an: mit der Teekanne in der Hand durch die Tür in den Gastraum kommen (mein Part in diesem Moment: »Ach, da kommt ja auch schon der Tee!«), an den Tisch treten, an dem ich und eine weitere Person saßen, und uns den Tee nach friesischer Art einschenken. Dann würden wir ein paar Sätze wechseln, fertig. Dreieinhalb Minuten waren für diese Szene insgesamt eingeplant. Die Sache hätte ganz schnell über die Bühne gehen können. Doch der Teufel steckt bekanntlich im Detail. Beim ersten Versuch brach Kameramann Nummer zwei gleich nach den ersten Schritten ab. »Haaalt!«. Die Teefee war einen zu großen Bogen gelaufen und deshalb zeitweise hinter einem Balken verschwunden. »Bitte gehen Sie in direkter Linie auf den Tisch zu!« Einer der Kameramänner justierte seine Kamera noch ein wenig nach – zweiter Auftritt. Die Tür öffnet sich, die Teefee tritt ein, »Haaalt!«. Wieder war irgendwas. Zurück auf Anfang. Erst beim dritten oder vierten Mal schaffte es die arme Frau überhaupt bis an unseren Tisch. Als sie uns einschenkte, war der Tee in ihrer Kanne aber schon abgekühlt. Keine Dampfwölkchen aus der Tasse, kein Knistern und Knacken der Kluntjes. Also zurück in die Küche, den Tee heiß machen. Noch mal von vorne. Dass der Redakteur im Hintergrund eine Stoppuhr in der Hand hatte, weil die Szene bloß nicht länger als geplant dauern sollte, machte die Sache nicht gerade entspannter. Nur zu verständlich, dass die arme Frau umso mehr verkrampfte, je öfter sie ihren Auftritt wiederholen musste. Bald zitterten ihre Hände so stark, dass das Geschirr beim Einschenken klapperte. Es war furchtbar!

Wir fühlten alle mit unserer Teefee. Das simple Ich-komm-jetzt-mal-aus-der-Küche war zu einer hochkomplizierten Choreografie geworden: Hand nicht zu hoch, man soll in die Teetasse schauen können, aber der Tee darf natürlich nicht überschwappen, *erst* in die rechte, *dann* in die linke Tasse einschenken und *auf keinen Fall* in die Kamera schauen! Und dann stehen da noch all die Menschen in dem kleinen Raum und schauen gespannt zu, ob du es schaffst. Diesen Erwartungsdruck zu stemmen und dann auch noch den Eindruck zu erwecken, man würde beiläufig ein wenig plaudern, ist ja schon für einen Profi nicht einfach. Zu guter Letzt habe ich mich noch selbst verhauen. Alles war glattgegangen, das Sahnewölkchen wallte in der Tasse, da fiel mir ein: »Mist! Ich hätte ja vorher schon die Frage mit der Sahne stellen müssen!« Irgendwann fingen alle an zu lachen, so verrückt war die ganze Situation. Der Redakteur sagte in die Runde: »So, Leute, jetzt haben wir sämtliche Pannen einmal ausprobiert. Wir atmen alle mal kräftig durch und dann kriegen wir das hin.« Und tatsächlich! Auf einmal war alles im Kasten. Die Teefee war reingekommen, hatte uns dampfend-heißen Tee in die Tassen getan, sodass die Kluntjes knackten, die Sahne an der Tasseninnenwand entlang in den Tee laufen lassen, sodass sie von unten in perfekter Wolkenform wieder aufsteigen konnte, und hatte es dann auch noch geschafft, sich nach einem kurzen Gespräch mit mir elegant rückwärts wieder aus der Situation rauszuziehen. Das ganze Team klatschte erleichtert Beifall und ließ die Teefee hochleben.

Der Wunsch, perfekt zu performen, kann viel kaputt machen. Und damit meine ich nicht die arme Teefee, die es uns nur recht machen wollte und mit bewundernswerter Geduld alles klaglos mitgemacht hatte. Ich meine das Team. Wir wollten zu viel auf einmal und alles auch noch exakt nach Plan. Damit hatten wir es unmöglich gemacht, dass Freude an der Teezeremonie aufkommen konnte. Stattdessen war die Stimmung verkniffen und angespannt. Man hatte damals beim Drehen noch nicht den Mut, die Dinge offen auf sich zukommen zu lassen. Es war eine ganz andere Art zu arbeiten, am liebsten verließ man sich auf eine bis ins letzte Detail vorgeplante Inszenierung. Mal was Unvollkommenes abzuliefern wäre uns nicht im Traum eingefallen, auch wenn die Szene dann viel authentischer und lebensfroher rübergekommen wäre. Ich bin heilfroh, dass heute bei unseren Reisesendungen viel spontaner gearbeitet wird. Dass ich vor der Kamera emotional und impulsiv sein darf, kommt meinem Naturell sehr entgegen. Einfach loslaufen, sich überraschen lassen, die Schönheiten und die Vielfalt der Welt entdecken – herrlich! Würde ich vor laufender Kamera auf die Nase fallen, wäre ich die Erste, die sich darüber kaputtlachen würde.

Wenn es ums Drehen geht, habe ich schon früh verinnerlicht, dass Unvollkommenheit keine Schande ist. Leider konnte ich diese Erkenntnis *für mich persönlich* lange Zeit nicht so umsetzen, wie ich es gerne gehabt hätte. Ich wollte alles richtig machen und möglichst perfekt alle Erwartungen erfüllen. Selbst heute habe ich mich von diesem selbstgemachten Druck noch nicht ganz befreien können. Rational ist mir völlig klar, dass Fehler gar nicht schlimm sind. Ich glaube noch nicht mal, dass ich mit einem Scheitern schlecht umgehen kann. Trotzdem würde es mir noch heute schwerfallen, vor einem Wettkampf zu sagen: »Ich will den ersten Platz machen.« Lieber gehe ich mit der Haltung an den Start: »Ich mach mal so ein bisschen mit.« Dann kann ich erst gar nicht enttäuscht von mir sein. Oder ich vermeide es, in einer Disziplin anzutreten, die mir nicht liegt. Ich bin zum Beispiel nicht gut im langfristigen Abspeichern von Fakten und Daten. Deshalb wäre ich bei Gesellschaftsspielen wie Trivial Pursuit eine ziemliche Niete. Ich sage: wäre – denn diese Blöße will ich mir gar nicht erst geben. Eigentlich finde ich diesen Zug an mir ganz schön kleinlich und unsouverän, trotzdem spiele ich im Zweifel lieber nicht mit. Wie aber passen meine fehlertolerante Spontaneität vor der Kamera und meine Abneigung gegen Unvollkommenheit zusammen? Ich reime es mir so zusammen: Ich bin perfekt darin, spontan zu sein.

Dieser extreme Hang zur Perfektion nervt mich manchmal selbst. Ich habe schon viele Sportarten angefangen. Ich stürze mich hinein und schlage mich anfangs auch wirklich wacker. Die Leute sind immer ganz erstaunt, wie schnell ich Fortschritte mache und was ich mich traue. Aber dann kommt der Punkt, an dem ich im Vergleich zu denen, die talentierter sind und mit mehr Beharrlichkeit üben, nicht mehr so präsentabel bin. Genau dann, wenn für mich die Mühsal und die Rückschläge beginnen, verliere ich das Interesse. Denn ich genüge ja meinem Anspruch nicht mehr. Ich bewundere Sportler, die sich mit nicht erlahmender Ausdauer bemühen, ein Ziel zu erreichen. Bei ihnen ist Scheitern Teil des Trainings. Bei mir hat es sich lange so angefühlt, als wäre Scheitern das Ende. Selbst auf den Gebieten, wo ich zweifellos gut bin, verfolgt mich der übertriebene Anspruch an mich selber. Ich spiele Geige und viele Menschen sagen mir, dass ich das gut kann. Ich habe auch ganz oft die unglaublich befriedigende Erfahrung machen dürfen, dass ich ein Notenblatt sehe und denke: »Das schaffe ich nie!« – und irgendwann konnte ich es dann doch. Und dann war da doch wieder die Grenze, über die ich nicht hinauskam. Kurz vor dem Abitur durfte ich bei einer Schulfeier das Violinkonzert von Max Bruch aufführen – die ersten beiden Sätze, der dritte Satz ist technisch wirklich sehr schwierig. Mein Vorspiel war in meinen Augen ganz ordentlich, aber mit Luft nach oben. Statt mich an dem Applaus zu freuen, war das Konzert für mich ein Dämpfer. Ich wusste: Wenn ich meinen Vorstellungen genügen will, müsste ich mich echt dahinterklemmen und noch mehr üben. Stattdessen legte ich die Geige in den Kasten. Natürlich könnte ich mich rausreden mit dem Argument, dass ich wegen des Abiturs nicht mehr so viel Zeit zum Spielen hatte. Fakt ist aber, dass mir diese Ausrede sehr gelegen kam. Es hat einige Zeit gedauert, bis ich verstanden habe, dass ich dem megahohen Anspruch an mich gar nicht gerecht werden kann. Und dass ich deshalb nie ganz zufrieden mit mir bin. Wie blöd! Den Moment genießen – darin bin ich Meister. Doch an etwas anderem muss ich noch arbeiten: mir selber zuzugestehen, dass ich auch mal sagen darf: »Das ist jetzt so gut genug« und »Das muss ich nicht auch noch schaffen«.

Perfekt sein zu wollen beinhaltet bei mir auch den Wunsch, den Erwartungen anderer zu entsprechen. Und der hat mich schon oft in Schwierigkeiten gebracht. Eine der frühen »Wunderschön!«-Sendungen wurde auf

Helgoland gedreht. Eine unglaubliche Insel! Da ragen knappe 1,7 Quadratkilometer Fels aus der Hochsee, die seit Urzeiten Stürmen und gewaltigen Wellen trotzen. Hier hat auch die Deutsche Gesellschaft zur Rettung Schiffbrüchiger eine Station. Wir wollten dem Zuschauer greifbar machen, was die Seenotretter leisten und wie elementar ihre Arbeit ist. Deshalb fuhren wir mit der Mannschaft des Seenotrettungskreuzers John T. Essberger aufs Meer hinaus und stellten eine Rettungsaktion nach. Jemand sollte in einem Überlebensanzug über Bord geworfen und gerettet werden. Die Frage war: Würde ich mich darauf einlassen? Klar! Mein Selbstbild lautete ja, dass ich alles mitmache. Der Kapitän guckte schon so komisch, als ob er sagen würde: »Na, Mädel, willst du das wirklich?« Aber ich ignorierte diese Warnung. »Was soll mir schon groß passieren?«, dachte ich. Helgoland hinter uns wurde immer kleiner und kleiner. Ich stieg in den Überlebensanzug, mit Jacke, Schuhen und allem. An Hals und Gesicht war eine Krause, die das Wasser vorm Eindringen in den Anzug abhalten würde. »Alles bleibt trocken«, wurde mir gesagt. »Nur das Gesicht hat Wasserkontakt. Sobald Sie im Meer sind, bläst sich der Anzug auf, Ihr Kopf wird automatisch über Wasser gehalten.« Na, da konnte ja nichts schiefgehen. Dann stand ich an der Reling. Über mir ein strahlend blauer Himmel. Das Meer ein paar Meter unter mir war unruhig, sah aber von oben ganz zahm aus. Trotzdem wurde mir mulmig. »O Gott! Auf was habe ich mich da eingelassen?« Aber ein Zurück war für mich keine Option. Was würden denn die anderen zu so einem Rückzieher sagen? Drei, zwei, eins – mit großem Hupf ins Wasser. Fetter Aufprall. Kleiner Schockmoment. Peng! Das Luftkissen knallte um meinen Kopf auf. Schnappatmung. Der Anzug hielt mich zwar trocken, doch in ihm war ich wie ein Käfer auf dem Rücken total manövrierunfähig, den Wellen völlig ausgeliefert. Innerhalb von Sekunden war das Schiff weg. Ich sah nur noch Wasser, dann den Himmel, dann wieder nur Wasser. Ich hörte auch nichts mehr, keinen Schiffsmotor, kein Rufen, nur die Wellen. Panik. Wie finden die mich denn? Ganz bewusst spürte ich, dass es unter mir einen Kilometer weit in die Tiefe ging, und ich schwamm als Krümel oben drauf. Gruselig! Eine gefühlte Ewigkeit tanzte ich wie ein Korken auf dem Meer auf und ab. Die Überzeugung, dass mich die Mannschaft aus den Augen verloren hatte, war stärker als jede Vernunft. Und dann tauchte etwas zwischen den Wellen auf. Ein kleines Boot, darauf der Kameramann und einer der Jungs. Ich werde diesen Anblick nie vergessen. Sie waren da, waren wieder weg. Dann wieder da. Mit einem Haken zogen sie mich an das Boot heran. Dann wurde mir eine Hand entgegengehalten. Genau dieser Moment, in dem du denkst, du bist verloren, und dann ist da ein anderer Mensch, der dich berührt – das ist mehr als nur eine Riesenerleichterung. Es ist ein ganz elementares Gefühl und die Erinnerung daran wird mich wohl bis ans Lebensende begleiten. Mein Sprung ins Meer war nur ein Testlauf gewesen. Wie mag es wohl jemandem gehen, der in einem wirklichen Notfall aus Todesangst gerettet wird?

Natürlich war ich nur wenige Minuten allein im Meer gewesen. Später sah ich auf den Filmaufnahmen, was sich abgespielt hatte. Aus dem Bauch des Seenotrettungskreuzers war ein kleines Rettungsboot über eine Rampe herausgeschossen, hatte mich an Bord geholt und war wieder in das Mutterschiff reingefahren. Von all dem hatte ich nichts mitbekommen, ich hatte nur das Meer, den Himmel und die rettende Hand wahrgenommen. Wie abgesprochen wurde an mir alles durchexerziert, was auch mit echten Geretteten geschieht: Ich wurde in eine wärmende Folie gewickelt, ein kleines Atemgerät erleichterte das Luftholen – ehrlich gesagt: Der Aufwand schien mir nicht übertrieben. Ich war fix und fertig und ziemlich unterkühlt. Irgendjemand redete ruhig und freundlich auf mich ein, auch das eine Wohltat. Ich war recht einsilbig, die Kollegen waren alarmiert. Erst nach einiger Zeit war das Erlebnis ein wenig gesackt und ich konnte meine Erfahrung beschreiben. Die ganze Episode war deutlich heftiger verlaufen, als wir alle es erwartet hatten. Würde ich heute noch mal springen, wissend, was mich erwartet? Vielleicht. Irgendwie reizt mich immer wieder das Abenteuer. Aber vor allem fällt es mir noch heute schwer, Nein zu sagen.

Bei der Rettungsaktion auf der Nordsee hatte ich keine Ahnung, was auf mich zukam. Doch es gab auch Situationen, in denen ich es von vornherein besser wusste – und trotzdem etwas tat, was ich aus tiefstem Grunde meines Herzens gar nicht tun wollte.

Von 2000 bis 2003 war ich für »Abenteuer & Reisen TV«, eine Sendung des Deutschen Sportfernsehens DSF, unterwegs. Speedboat-Fahren in Norwegen, Fliegen mit dem Ultraleichtflugzeug, Fallschirmspringen, Höhlentauchen – für meinen heutigen Geschmack müsste ich bei einigen dieser Funsportarten nicht mehr unbedingt mit dabei sein, doch mit Mitte zwanzig war das für mich eine tolle

Sache. Anders bei meinem Bungeesprung. Diese Methode, sich einen Kick zu holen, ging mir damals schon zu weit. Bungeejumping war zu jener Zeit im deutschsprachigen Raum noch relativ neu und es lag auf der Hand, dass auch ich springen würde. Mein Anspruch an mich war ja, dass ich mutig und sportlich bin und die Erwartungen erfülle. Dass meine Kollegen über mich sagten: »Die Tamina macht alles mit«, fand ich super. Das war für mich wie ein Orden an der Brust.

Auf dem Münchner Olympiagelände war ein sechzig Meter hoher Kran aufgebaut, von dem aus man sich in den See stürzen konnte. Zuerst interviewte ich diejenigen, die gesprungen waren. Nicht alle waren euphorisch, einige waren merkwürdig still. Und dann stand ich selbst oben auf dem Kran, in einer Höhe, für die der Mensch einfach nicht geschaffen ist. Mit Entsetzen sah ich, dass die Leute unten Ameisengröße hatten. Zuvor bei den Interviews hatte ich mich von der Situation entkoppelt und die Frage verdrängt, wie es für *mich* sein würde zu springen. Jetzt konnte ich der Tatsache nicht mehr ausweichen: Das bin *ich* jetzt, die springt. Dabei wollte ich das gar nicht. Definitiv nicht. Ich hatte schon genug Kicks in meinem Leben. Natürlich sprang ich. Es war echt grauenhaft, eine Todeserfahrung. Im freien Fall spürte ich das rettende Seil an den Füßen nicht, mein ganzer Körper schaltete auf Notstand und ich hatte nur einen einzigen Gedanken: »Das war's jetzt.« Viel tiefer als geplant tauchte ich ins Wasser ein, wie ein nasser Sack kopfüber am Seil hängend wurde ich ans Ufer gefahren, wo mich das Drehteam in Empfang nahm. Selbst jetzt noch erfüllte ich mein Soll und rief tropfend in die Kamera: »Wow! Hammererlebnis! Megaintensiv und heftig! Die Endorphine sind zwar noch nicht so präsent, aber abwarten! Mal schauen, ob die noch kommen.« Nicht gelogen. Und dann, als die Kamera aus war, kam der Nervenzusammenbruch. Ich saß auf dem Boden und heulte und heulte. Andere hätten den Freiflug genossen und gefragt, ob sie noch mal springen dürfen. Doch für mich war das nichts. Und ich hatte es von vornherein gewusst. Natürlich muss man Einsatz zeigen, manchmal auch die Zähne zusammenbeißen und nicht beim ersten Widerstand hinschmeißen. Aber mit der Zeit darf und sollte man ein Gespür dafür bekommen, was einem guttut, und die Konsequenzen daraus ziehen. Und zwar rechtzeitig, wie die folgende Geschichte zeigt.

In Arizona ging es um die Sportart Downhill, megasportliche Cracks rasen auf Mountainbikes in einem Affenzahn bergab. Auch hier war ich natürlich wieder mit dabei. Ohne Weg und Steg rasten wir einen steilen Felsabhang hinab, als gäb's kein Morgen. Ich glaube, wir trugen noch nicht mal Helme. Mitten im Felsgeröll kamen mir Zweifel: »Das kann hier ganz übel ausgehen! Bin ich eigentlich völlig wahnsinnig?« Aber dann dachte ich auch: »Nee, diese Frage kann ich mir jetzt nicht stellen.« Denn in diesem speziellen Fall war »Wer bremst, stirbt« nicht einfach nur ein blöder Spruch. Es gab keine Alternative, als es mit Vollgas durchzuziehen. Dass einen solche Situationen ein Leben lang begleiten, merkte ich kürzlich, als mein kleiner Sohn wie die Großen mit seinem Fahrrad eine kleine Treppe hinunterfahren wollte. Ich sagte ihm: »Traust du dir das auch wirklich zu? Denn wenn du anfängst, dann musst du auch bis zum Ende durchhalten. Bremst du in der Mitte, fliegst du auf die Nase. Hundert Pro.« Wir haben es durchgezogen. Und Glück gehabt. In beiden Fällen – vor langer Zeit in Arizona und neulich in Freiburg – ist es gut ausgegangen.

Irgendwann verstand ich, dass ein Nein keine Katastrophe ist. Einige Jahre nach meinem Münchner Bungeesprung drehten wir in Holland. Wieder ging es ums Springen aus großer Höhe. Ich war in der Zwischenzeit ein wenig klüger geworden. »Wenn ihr meint, das sei unbedingt nötig, dann springe ich. Aber können wir das nicht auch anders erzählen?« Wir kamen zum Schluss, dass es nicht *noch* einen Moderatoren braucht, der sich vor laufender Kamera in die Tiefe stürzt. Bevor man also sofort sämtliche Erwartungen erfüllt, darf man ruhig einen halben Schritt zurück machen und überlegen: Muss es wirklich sein? Und warum sich nicht mal etwas Zeit lassen? »Ich denk drüber nach und sag dann Bescheid«, ist auch eine Option. Heute weiß ich, dass es einem sogar noch mehr Respekt verschafft, wenn man nicht sofort überall dabei ist.

Es war ein langer Weg dahin, für mich zu entscheiden, was ich will und was mir guttut. Dabei hilft mir eine Eigenschaft, zu der mir nicht zuletzt meine Eltern verholfen haben: Selbstsicherheit. Auch nachdem sie sich getrennt hatten, ich war damals elf Jahre alt, haben sie doch immer für einen festen Rahmen gesorgt, sodass ich behütet aufwachsen konnte. Für mich war es ganz wichtig, dass ich meine Freiburger Wurzeln behalten durfte. Die Verbindung zu meinem Elternhaus im Schwarzwald ist nie abgerissen. Es liegt nur wenige Fahrminuten von meiner Wohnung in Freiburg entfernt und meine Familie und ich verbringen hier jede freie Minute. Für ein tiefes Gefühl der Stabilität sorgen auch die vielen Rituale, die das Familienleben bis heute begleiten. Zum Beispiel ziehe ich ausnahmslos jedes Jahr mit meinem Bruder in den Wald hinterm Haus, um einen Weihnachtsbaum zu schlagen. Genau am 23. Dezember, keinen Tag früher, machen wir uns auf die Suche nach einem passenden Baum. Zu den Regeln gehört, dass wir nicht schon vorher einen ausgeguckt haben, nein, wir müssen den Baum gemeinsam entdecken. Ausgiebig begutachten wir infrage kommende Bäume und vergleichen sie sorgfältig miteinander. »Der da drüben hat aber an dem einen Ast so einen komischen Knick. Und dieser hier ist ein bisschen zu klein.« Wenn wir dann mit der erwählten Tanne heimkommen, gibt es immer ein großes Hallo. Und noch eine Konstante gibt es: Auch wenn in unserem Schuppen viele Werkzeuge aufbewahrt sind, ist aus irgendeinem Grund das entscheidende Beil einen Tag vor Weihnachten entweder nicht auffindbar oder stumpf. Ich kann mich an kein einziges Mal erinnern, wo wir nicht erst seine Schneide schärfen mussten. Mittlerweile dürfen mein Mann und meine Kinder mit dabei sein, wenn mein Bruder und ich in den weihnachtlich verschneiten Wald ziehen. Unser kleiner Sohn fällt den Baum jetzt schon ganz allein – was für eine wunderbare Kontinuität!

Ich denke, diese Selbstsicherheit ist der Grund dafür, dass ich vieles in meinem Leben relativ entspannt auf mich zukommen lassen kann. Ich hab zwar lange Zeit zu viel Sorge gehabt, andere zu enttäuschen, doch unter einer übergroßen Angst vorm Leben musste ich nie leiden. Als Studentin fand ich die Aussicht, als Englisch- und Geschichtslehrerin verbeamtet zu sein, ganz attraktiv. Aber es kam anders. Nie in meinem Leben habe ich einen festen Vertrag gehabt.

Jedes Jahr wird ein neuer Rahmenvertrag abgeschlossen, das ist bei vielen Moderatoren so üblich. Ganz zu Anfang meiner Fernsehkarriere war ich manchmal ein bisschen beunruhigt. »Wenn mein Vertrag nicht verlängert wird, stehe ich vor dem Nichts!« Ich hatte ja die Uni kurz vor dem Examen verlassen, um bei Pro Sieben anzufangen, und nie hatte sich eine Gelegenheit ergeben, den Abschluss nachzuholen. Keine abgeschlossene Ausbildung und jedes Jahr werden im Beruf die Karten neu gemischt – das hört sich nach einer ungemütlichen Kombination an. Doch bei mir überwog immer das Gefühl, dass es irgendwie schon weitergehen würde. Nach einiger Zeit wurde mir auch klar, dass ein bestandenes Examen weniger über mich aussagen würde als die vielen Jahre, die ich schon erfolgreich als Moderatorin und Journalistin gearbeitet hatte. So arbeite ich zwar weniger abgesichert, als ich es mir früher vorgestellt habe, aber ich versuche diese latente Möglichkeit des Jobverlustes auch als Motivation wahrzunehmen, jeden Tag aufs Neue engagiert und leidenschaftlich meine Arbeit zu machen. Wer weiß – vielleicht wäre ein Leben als Festangestellte für mich allzu bequem? Was für mich viel wichtiger ist, bekomme ich trotzdem: Kontinuität und ein starkes Gefühl der Zugehörigkeit zum Westdeutschen Rundfunk. Dass ich als »Feste Freie« beides schon so viele Jahre lang erfahren darf, weiß ich sehr zu schätzen.

Meine Sorge vor einem Jobverlust war also nie sehr groß, obwohl ich weiß, dass sich gerade beim Fernsehen die Dinge praktisch über Nacht ändern können. Der Publikumsliebling von heute kann der Buhmann von morgen sein. Dazu kommt, dass auch beim WDR der Personalabbau ein spürbares Thema ist. Weil der Kostendruck so hoch ist, werden manche Stellen nicht mehr nachbesetzt und der Pool an festen Mitarbeitern dünnt aus. So ist es zum Beispiel heute ein Luxus geworden, dass uns ein Lichttechniker im Team bei »Wunderschön!« begleitet. Gerade bei unseren Reisesendungen übernehmen in vielen Fällen die Kameramänner den Job des Lichtsetzens, viele von ihnen haben eine entsprechende Zusatzausbildung. Wegen Zeitmangel fällt aber auch diese abgespeckte Version der Beleuchtung oft weg. Nur wenn wir etwa eine Weihnachtssendung machen, fängt ein Lichtsetzer die heimelige Stimmung eines schön geschmückten Hauses oder einer liebevoll aufgebauten Weihnachtskrippe ein. Im Sauerland stellten wir einmal einen alten Weihnachtsbrauch nach: Die älteren Mädchen gehen am Sonntag vor Weihnachten von Haus zu Haus und lassen eine selbst gebastelte, kleine Christkind-Puppe draußen am Fenster vorbeifliegen. Die Geschichte erzählte uns eine Kennerin der Sauerländer Bräuche, ich stand bei ihr in der von ihr wunderschön weihnachtlich dekorierten Wohnküche und backte mit ihr Plätzchen. Was der Zuschauer natürlich nicht sieht: Der Raum war voller Lichtspots, Schirme und Folien. Mit ihnen zauberte der Lichttechniker ein heimeliges Licht, das den Kerzenschein nicht überstrahlte und die Backatmosphäre einfing. Und dem in trübem, winterlichem Regenwetter am Fenster vorbeihuschenden Christkind verschaffte er durch ein draußen aufgestelltes, bläulich-schimmerndes Licht einen geheimnisvollen, fast schon magischen Auftritt. Ich finde, in diesem Fall hat sich der Aufwand unbedingt gelohnt.

Vor allem bei Außenaufnahmen drehen wir, ohne dass eine ausgefeilte Lichttechnik für weiche Konturen sorgt.

So sind wir zwar flexibler, für mich persönlich ist es jedoch nicht unbedingt ein Vergnügen, in gleißendem Mittagslicht vor der Kamera zu stehen. Es hat schon seinen Grund, warum viele Portraitfotografen prinzipiell nicht zwischen 11 und 14 Uhr im Freien arbeiten, denn dann bewirken Schlagschatten, dass jede Falte im Gesicht überdeutlich zu sehen ist. Doch weil wir so lange Mittagspausen im Team nicht machen können, muss ich mich dem gnadenlosen Licht stellen. »Na ja, den äußeren Verfall musst du eben mit ganz viel innerem Charme und liebenswertem Humor wettmachen«, sage ich mir dann. »Sonst wird's vor der Kamera auf Dauer sowieso ungemütlich.« Einen Vorteil habe ich in meinem Sendeformat: Ich bin dauernd in Bewegung. Bei den in HD-Technik gedrehten Talkrunden im Studio ist das ein bisschen anders. Dort sind die Gesichter von Moderator und Gästen oft lange statisch und überlebensgroß zu sehen. Damit der Zuschauer nicht die Poren auf der Nase abzählen kann, ist in diesen Situationen die Kunst der Lichttechniker ganz entscheidend – ein Maskenbildner allein könnte das gar nicht schaffen.

Ob wir irgendwann alle wegrationalisiert werden? Im Untergeschoss des WDR in Köln befindet sich eine ganze Reihe Studios. Wenn ich in einem von ihnen unsere Filme nachvertone, besuche ich auch manchmal die Nachbarstudios, in denen meine Moderatorenkollegen ihre Arbeit machen. Die Abläufe mancher Formate sind so genormt, dass während der Aufnahmen nicht mehr viel passiert. Die Einstellungen für Licht und Ton bleiben gleich und es sind kaum noch Menschen im Studio. Mittlerweile gibt es sogar selbstfahrende Kameras, dann ist der Moderator ganz allein im Raum, nur die Regie im Nebenraum lässt manchmal was von sich hören: »Nächste Moderation bitte kürzer, wir hängen.«

Sieht so die Zukunft aus? Wird die Fernsehwelt immer automatisierter und werden wir nach und nach zu Einzelkämpfern? Mittlerweile kann man ja mit dem Smartphone schon fast alles allein machen: Moderation, Interview, Bild, Ton, Schnitt ... Vielleicht ist das so. Aber das wäre nur ein Teil des Gesamtbildes. Auf der anderen Seite geht auch ein Trend in Richtung sehr aufwendiger Produktionen mit vielen beteiligten Fachleuten.

Wegen des anhaltenden Erfolges der »Wunderschön!«-Reihe überlegte ein leitender Redakteur, ob man mit mir nicht noch weitere Formate parallel aufbauen könnte. Das Entdecken und Erleben sollte noch mehr im Fokus stehen und ich würde noch flexibler sein dürfen. Aber wie genau würden wir dieses Format füllen? Bei »Wunderschön!« stellen wir eher Landschaften, Menschen und Regionen vor. Warum also nicht mal den Schwerpunkt auf einzelne Städte legen? Immer mehr Menschen klinken sich übers Wochenende kurz mal aus und machen eine Städtereise. Auch sollten unsere Tipps für Zuschauer, die sich auf unsere Spuren begeben wollten, erschwinglich sein. Dazu kam mein Wunsch, nicht etwa solo eine Stadt zu entdecken, zu zweit würde es viel schöner sein! Irgendjemand kam auf die Idee: Das könnte doch der Kameramann sein! Verrückt! Dann müsste ja auch ein zweiter Kameramann mit, um den ersten filmen zu können. Andererseits: Warum nicht? Vielleicht könnte ich das ja mit meinem Handy übernehmen. So nahm langsam das neue Format »2 für 300« Gestalt an. Zwei Menschen erleben ein Wochenende lang Spannendes und Interessantes für nicht mehr als 300 Euro – eine Übernachtung inklusive. Eine Herausforderung! Um auszuprobieren, ob das neue Format funktioniert, wollten wir einen sogenannten Piloten drehen. Die Wahl fiel auf Maastricht, eine Stadt an der holländisch-deutschen Grenze und nicht weit von Köln weg.

Wenn der Kameramann im Film sichtbar ist, bedeutet das natürlich, dass in allen Folgen immer derselbe mit dabei sein muss. Aber wer sollte das sein? Die beauftragte Produktionsfirma hatte einen sehr reiselustigen und flexiblen Kameramann an der Hand. »Tamina, den wirst du mögen! Ihr passt gut zusammen!« Uwe Irnsinger drehte schon seit Jahren in aller Welt, war sogar noch mehr als ich unterwegs gewesen. Doch begegnet waren wir uns noch nie. Ich habe Uwe zum ersten Mal in meinem Leben an unserem ersten Drehtag gesehen. Es war Januar oder Februar, also mal wieder eiskalt. Uwe stieg aus einem Van aus; die Schiebetür ging auf und ich dachte gleich: »Ach guck mal, das ist ja ein Netter! Das kann schon was werden.« Gleich als wir die erste Szene drehten – rauskommen aus dem Maastrichter Bahnhof –, wurde mir klar, dass Uwe auch ein ganz Schneller ist. Wenn ich zum Beispiel beim Drehen über einen Markt laufe, kann es sein, dass ich auf einmal an einem Stand stehen bleibe und ein Gespräch mit dem Besitzer anfange. Wenn ich dann in die Kamera sprechen will – »Lecker!« –, kann es mit anderen Kameramännern schon mal eine Überraschung geben. Die sind dann nämlich gar nicht da! Total überrumpelt stehen sie noch ein paar Meter weiter weg und fragen sich: »Wo ist denn jetzt die Tamina hin?« Mit Uwe ist das nie passiert. Egal, wie spontan ich hin und her springe, er bleibt immer an mir dran. Und das ist echt eine Kunst für sich. Eine weitere Höchstleistung: Er trägt die schwere Kamera, hält den Fokus und antwortet gleichzeitig auf meine Fragen: »Na, Uwe, wie findest du das hier?« Essen muss er auch noch, dauernd gebe ich ihm was zum Probieren. Dann muss er laufen, kauen, schmecken, filmen und auch noch was Schlaues sagen. Unglaublich!

Über den Tag haben Uwe und ich uns dann immer besser kennengelernt. Vormittags war er noch ein wenig schweigsam und zurückhaltend gewesen. »Aha, ein Ruhiger«, dachte ich. »Passt ja, dann ergänzen wir uns gut.« Doch je später es wurde, desto mehr drehte Uwe auf. Wenn ich ans Schlafengehen denke, läuft er zur Hochform auf. Doch weil Uwe ein Kameramann aus Leidenschaft ist, steht er natürlich auch morgens um sieben, wenn das Licht besonders schön ist, mit seiner Kamera bereit. Dann drücke ich ihm nur einen Kaffee in die Hand, quatsch ihn nicht zu und lass ihn einfach machen. Dafür werde ich abends etwas ruhiger und muss mich zu so manchem Dreh am späten Abend überwinden. Wir sind Early Bird und Eule, und gerade weil wir den jeweils anderen so akzeptieren, wie er ist, funktioniert es so gut mit uns beiden.

Für mich wurde Maastricht zum zweifachen Glücksmoment. Mit Uwe stimmte die Chemie auf Anhieb. Und auch Maastricht erwies sich als Volltreffer. Uwe und ich erkundeten die Altstadt mit ihren romantischen kleinen Holländer-Häuschen, mieteten eine Vespa, um die Umgebung zu erkunden, besuchten eine zur Buchhandlung umgebaute Kirche, aßen köstliche Pommes und entdeckten ein wunderbar heimeliges Hotel mitten in der Stadt. So wurden es trotz winterlicher Kälte und schlechtem Wetter ein paar tolle

Drehtage. Weil wir ganz offen auf Entdeckungstour gingen, wurden auch die Aufnahmen ganz leicht und entspannt. Ich hätte ja auch denken können: »O Gott, das muss jetzt unbedingt perfekt werden, ich brauche dringend ein weiteres Sendeformat als zweites berufliches Standbein!« Ob mit so einer Haltung der Maastricht-Film dem Redakteur so gefallen hätte? Ich glaube nicht. Die Kamera decouvriert, sie entlarvt die Persönlichkeit der Menschen, die vor ihr stehen. Nicht nur das Äußere ist überdeutlich zu sehen. Auch die innere Haltung und die Motivation werden unter der Fassade sichtbar. Bei Zwei-Minuten-Moderationen im Studio kann man noch überspielen, wenn man mal einen schlechten Tag hat. Doch über mehrere Drehtage kann man sich nicht verstellen, es ist wie auf einem Präsentierteller. Der Zuschauer spürt sofort, ob da jemand stimmig agiert und mit sich im Reinen ist. Die lockere Stimmung war authentisch, deshalb gelang uns der eigentlich nur als Test gedachte Dreh so gut, dass wir spontan noch einen Tag dranhängten. So bekamen wir genug Material für einen 30-Minuten-Film zusammen, der auch gleich als erster Beitrag des neuen Sendeformats ausgestrahlt werden konnte.

Vertrauen ins Leben und Entspanntheit – diese Eigenschaften waren auch ganz wichtig, als sich mein Status als alleinige Moderatorin bei »Wunderschön!« grundlegend änderte. Manche Moderatoren sind wie Joker geradezu universell einsetzbar. »Sie moderieren alles weg«, heißt das bei uns. Wenn der Sender anfragt, egal für welches Format, sind sie zur Stelle. Bei mir ist das ein bisschen anders. 2004 ging es für mich beim WDR los mit »Wunderschön!«. Vier Jahre lang war ich das Gesicht der Sendung, sie war mein alleiniges Baby. Doch mein Mann und ich wünschten uns auch *echten* Nachwuchs. Als ich dann mein erstes Kind erwartete, war unsere Freude groß und meine Kollegen freuten sich mit uns. Aber auch sie fragten natürlich: »Und wie soll es weitergehen?« Ganz aufhören wollte ich auf keinen Fall, dazu liebe ich meinen Beruf zu sehr. Doch dass meine Position nicht mehr dieselbe bleiben konnte, war mir bewusst. Die naheliegende Lösung lautete: Ein weiterer Moderator kommt mit ins Boot, und zwar nicht nur als Lückenbüßer. Er würde mich vertreten, und wenn ich nach einer gewissen Zeit wieder in den Beruf zurückkehren würde, wären wir eben zu zweit. Mich an den Gedanken zu gewöhnen, dass ich nicht mehr das einzige Gesicht der Reisesendung sein würde, war nicht ganz leicht für mich. Ich musste loslassen, ohne Angst, dass mir etwas weggenommen wird. Doch meine Freude aufs Kind überstrahlte alles und machte eine optimistische Haltung möglich. »Es wird sich schon alles fügen.« Und genau so kam es auch.

Die Wahl fiel auf Stefan Pinnow, ihn kannten die Zuschauer schon von »Daheim und unterwegs«. Als ich mit Stefan einen Kaffee trinken ging, damit wir uns ein wenig beschnuppern konnten, war ich natürlich ein bisschen aufgeregt. Konnte man ihm diese Aufgabe anvertrauen? Würde er die Zuschauer herzlich und empathisch an die Hand nehmen, während ich für ein paar Monate buchstäblich von der Bildfläche verschwinden würde? Meine Zuschauer sollten sich ja auch weiterhin gut aufgehoben fühlen. Vielleicht würde er ja sogar einen Killerinstinkt an den Tag legen und versuchen, mich an den Rand zu drängen oder sogar überflüssig zu machen? Ich hätte mir keine Gedanken machen müssen. Stefan ist ein extrem netter Profi mit Witz und Charme, immer mit einem lustigen

Spruch in petto. Bei ihm wusste ich die Sendung in guten Händen, das machte mir meinen kurzfristigen Abschied leicht. Nur dort, wo Unsicherheit und Angst herrschen, wird eher mal um sich gebissen. Bis zum siebten Monat stand ich vor der Kamera. Ein halbes Jahr lang musste Stefan die Sendung alleine stemmen. Ich finde, es klappte wunderbar. Als ich wieder an Bord war, wurden die Reisen unseren Vorlieben entsprechend aufgeteilt. Was für ein Gewinn! Stefan schwärmt für die skandinavischen Länder und ich genieße es, wenn ich nicht so oft in die Kälte reisen muss. Ich entdecke gerne ferne Länder und Stefan war zunächst aus familiären Gründen ganz froh, wenn ihn der Job nicht zu weit weg von daheim entführte.

Mussten wir den Gürtel enger schnallen, weil nun zwei Moderatoren sich den Kuchen teilten? Ganz im Gegenteil. Die Sendung wurde immer erfolgreicher, es war sogar so viel Arbeit da, dass nach zwei Jahren noch eine dritte Moderatorin zu uns stieß: Andrea Grießmann. Zeitweise war auch meine liebe Kollegin Katty Salié mit im Boot. Und Marco Schreyl ist mittlerweile auch dabei. Eine Sendung und drei, vier Moderatoren, die sich die Arbeit untereinander aufteilen können – ich finde, das ist wirklich optimal! Wir nehmen uns nichts weg, sondern ergänzen und beflügeln uns. Ich fühle mich von den Zuschauern noch mehr geliebt und getragen als je zuvor. Unterm Strich hat mir das Loslassen nur Vorteile gebracht – und eine Erkenntnis: Wenn ein anderer seine Arbeit gut macht, dann heißt das nicht, dass ich meine Arbeit schlecht mache. Gerade für mich als Perfektionistin, die Gefahr läuft, zu viel von sich zu verlangen und sich zu oft mit anderen zu vergleichen, ist diese Gewissheit ganz besonders wertvoll.

DAS GROSSE JA 8

»Das Wunder ist des Augenblicks Geschöpf.«

Johann Wolfgang von Goethe (1749–1832)

Beim Dreh in Bodrum an der Westküste der Türkei hatte ich Gelegenheit, eine besondere Art des Reisens auszuprobieren: Couchsurfing. Eine tolle Sache! Als Gast in einem privaten Haushalt kann man ganz anders in den Alltag eines Landes eintauchen und dessen Kultur aus erster Hand kennenlernen. Als ich für ein paar Tage mit meinem kleinen Rucksack bei der quirligen Türkin Semra einzog, verstanden wir uns auf Anhieb. Allerdings merkte ich schnell, dass Couchsurfing auch ganz schön anstrengend ist. Semra und ich hatten uns viel zu erzählen und waren fast pausenlos im Austausch. Die anderen Teammitglieder gingen abends in ihre Hotelzimmer, doch Semra und ich saßen auch dann noch beisammen und tranken einen türkischen Tee oder ein kühles Bier auf ihrem kleinen Balkon. Einmal drehten wir spätnachts in ihrer Wohnung sogar noch einen kleinen Film mit meinem Handy. Es war eine sehr schöne und intensive Zeit, aber nach einer Weile war ich auch ziemlich übermüdet.

Semra zeigte uns ihre Heimatstadt und begleitete uns auf vielen Ausflügen in die Umgebung. Zum Beispiel besuchten wir die griechische Insel Kos, die in Sichtweite vor Bodrum liegt. Erstaunlich, was ein paar Kilometer ausmachen können! An vielen Orten waren die Konflikte zwischen türkischer und griechischer Kultur unterschwellig spürbar. Dazu kam, dass – es war Anfang 2015 – die ersten Flüchtlinge auf der idyllischen Insel angekommen waren. Niemand von uns ahnte, dass uns dieses Thema die nächsten Jahre in besonderer Weise beschäftigen würde, doch schon damals war die Situation auf Kos angespannt. Und noch etwas trug dazu bei, dass ich dieses Mal besonders involviert war: Zum Drehen hatte sich wieder mal ein besonders nettes Team zusammengefunden und die Stimmung war entspannt und lustig. Es ist natürlich großartig, so arbeiten zu dürfen, doch die Sache hatte auch einen Nachteil: Das enge Miteinander war so anregend, dass ich keine Lust verspürte, bei der Fahrt von einem Drehort zum anderen auf meinem »Privatplätzchen« im Teambus vorne links hinter dem Fahrer auch mal ein wenig abzuschalten. So kam es, dass die Eindrücke auf dieser Reise in dichter Taktung auf mich einstürmten.

Am vierten oder fünften Drehtag fuhren wir auf einer Straße, die sich malerisch an einem Hang entlangschlängelte. Aussicht und Licht waren fantastisch, also hielten wir an, um das Bild einzufangen. Der Kameramann baute sein Stativ auf und der Tontechniker hantierte mit seinen Geräten. Damit wir nicht in das schöne Zirpen der Zikaden hineinquatschten, mussten wir anderen mal ein paar Minuten ganz still sein. Weil wir uns nur selten Zeit für eine Pinkelpause nehmen, sind solche Stopps immer eine gute Gelegenheit, ins nächste Gebüsch zu verschwinden. Also stapfte ich um die nächste Wegbiegung, kraxelte ein wenig den Hang runter und hockte mich hin. Ich glaube, es war wirklich der erste Augenblick seit der Ankunft in der Türkei, in dem ich unterwegs allein war und etwas durchschnaufen konnte. Und auf einmal passierte etwas mit mir: Es war, als käme ich aus einem Tunnel heraus. Ich sah die Kräuter um mich herum, roch ihren Duft. Von Weitem sah alles so karg und trocken aus, doch jetzt breitete sich die ungeheure Vielfalt der Vegetation direkt zu meinen Füßen aus: Manche Pflänzchen hatten kleine lilafarbene Blüten, andere sahen wie kleine Sonnen aus. Es gab dunkelgrün-fleischige Blätter, daneben waren welche mit feinen, silbrigen Haaren überzogen und ein Stückchen weiter erinnerten runzlige Blattoberflächen an Salbei. Sogar ein wildes Feigenbäumchen hatte sich einen Platz erobert. Ich konnte mich gar nicht sattsehen! Die Luft war erfüllt vom Zirpen der Zikaden, ein warmer Windhauch strich aus dem Tal herauf. Ich fühlte mich sofort mit dem Ort verbunden. Was ich sah, musste ich weder bewerten noch erklären oder in einen Sinnzusammenhang bringen. Ich durfte einfach das Gesehene, die Geräusche, den Duft, die Haptik der Blätter und des steinigen Erdbodens mit allen Sinnen in mich aufnehmen. »Ich bin ja *hier*!«, dachte ich ganz erstaunt. Erst jetzt wurde mir klar, wie absorbiert ich die ganze Zeit gewesen war, ich war kaum dazu gekommen, die vielen Erlebnisse in Ruhe zu verarbeiten. Ständig war es um andere Dinge gegangen: Haben wir dort, wo wir herkamen, den Plan erfüllt? Und wo werden wir als Nächstes hinfahren? Die Pieselpause in der türkischen Macchia war für mich einer der wenigen friedlichen Momente im Hier und Jetzt. Als ich wieder zurück zu den anderen ging, war ich richtig erfrischt und bereit für die nächsten Eindrücke.

Und noch etwas hatte ich in diesen zwei, drei Minuten abseits des Weges verstanden: Sosehr ich meinen Job liebe, geht mir der Bezug zur Welt manchmal fast verloren, wenn ich das Erlebte nicht für mich, sondern für andere wahrnehme. In meinem Beruf möchte ich den Zuschauern zeigen, was um mich herum ist und sie mit allen Sinnen miterleben lassen, wie es schmeckt, wie es sich anfühlt und wie es klingt. Je authentischer ich diese Eindrücke vermitteln kann, desto besser kann sich der Zuschauer mit den kleinen Details verbinden und an ihnen Freude haben. Das zu schaffen ist für mich unglaublich erfüllend. Doch bei dieser Arbeit verstärke und kanalisiere ich das Erlebte *für andere*. Die Momente, die ich ganz für mich allein habe und in denen ich *für mich* innehalte und spüre, was um mich ist, sind rar gesät und kostbar. Natürlich nahm ich mir vor, in Zukunft darauf zu achten, auch für mich den Moment zu genießen und aufzutanken. Aber wie es oft mit solchen Vorsätzen geht: Ich schaffte das nicht in dem Umfang, wie ich es mir vorgestellt hatte. Denn mich abseits zu halten ist so gar nicht meine Art.

Und zu Hause? Habe ich dort mehr Zeit für mich? Mit zwei Kindern, Ehemann, Eltern und großem Freundeskreis bin ich auch im privaten Alltag von morgens bis abends eingespannt. Manchmal habe ich den Eindruck, dass ich nur dann für mich allein bin, wenn ich die Augen zumache und schlafe. Sobald ich wach bin, bin ich wieder im Einsatz. Neulich hatte ich ein merkwürdiges Erlebnis. Ich war allein zu Hause, die Kinder in der Schule, kein Termin in meinem Planer, ich musste gerade nichts besorgen und erledigen … Es war tatsächlich so, dass in diesem Moment nichts Dringendes an mir zog und zerrte. Ich war total verblüfft. Da stand ich mitten im Raum und dachte: »Und jetzt? Was mache ich denn jetzt?« Oft wünsche ich mir, dass ich einfach mal einen halben Morgen lang ungestört am Frühstückstisch sitzen und bei einer Tasse Kaffee die Zeitung lesen darf. Ich bin aber gar nicht geübt darin, runterzufahren und durchzuschnaufen. Um den Moment zu nutzen, war ich viel zu hibbelig. Also lief ich ziemlich planlos durch die Wohnung, vertändelte die kostbare Zeit und war fast froh, als ich das Mittagessen kochen musste. Ich merkte: Da ist echt noch viel Luft nach oben für mich.

Und doch – immer wieder zwischendurch sind da die kleinen Details, die mich mit der Schöpfung verbinden und die mir sagen: »Ja, das bist gerade *du*, die das erlebt!« Die Katze kommt von draußen herein, ich nehme sie auf den Arm und streichle sie kurz. Und da ist dann plötzlich der Geruch von Moos an ihren Pfoten. Herrlich! Dieser Augenblick gehört mir allein. Ich nehme das Bild in mir auf, bin fröhlich und dankbar. Die Kinder schlafen friedlich, ich decke sie noch mal zu und küsse sie sanft. Unbezahlbar! Auch beim Drehen gibt es solche Geschenke. Zum Beispiel, wenn ich von Weitem in der Supertotalen beim Radfahren gefilmt werde. Dann bin ich allein auf weiter Flur, abgekoppelt vom Team, nur das Treten, der Wind, die Vögel, mein Atem begleiten mich und ich kann meine Gedanken fliegen lassen.

Mir ist es wichtig, dieses Ganz-im-Moment-Sein auch mit meinen Kindern zu üben. Vielleicht tun sie sich dann ja später leichter als ich damit, ganz bewusst für sich selbst eine Situation zu genießen, und zwar länger als nur für ein paar Sekunden. Letztes Jahr haben wir einen Ausflug zu einer Burgruine gemacht. Die Sonne stand schon tief und das Land unter uns schimmerte golden. Was für ein zauberhafter Augenblick! Auch meine beiden waren ganz andächtig und ich war unglaublich stolz auf sie, dass sie mit ihren sechs und acht Jahren diese Freude am Moment empfanden. Ich schlug vor: »Wisst ihr was? Wir machen jetzt ganz bewusst kein Foto. Lasst uns lieber diesen Anblick in uns aufnehmen. Wir riechen und hören und schauen. Das alles merken wir uns, und wenn wir mal Lust drauf haben, dann erinnern wir uns an dieses Bild.« Da kam mal wieder die verkappte Lehrerin in mir durch. Aber ich finde, genau an diesem Innehalten und Genießen fehlt es doch viel zu oft im Leben! Meine Kinder ließen sich auf meinen Vorschlag ein. Sie nahmen alles so intensiv in sich auf, wie es nur Kinder schaffen. Und auch ich habe nun diesen Anblick in mir und kann davon zehren, wann immer ich möchte. In den folgenden Monaten kamen wir manchmal auf diesen Moment zu sprechen – »Weißt du noch …?«. Und dann waren wir in Holland am Meer. Wir tobten am Strand entlang, wurden müder, ruhiger, genossen die tolle Lichtstimmung. Was für eine Freude, als sie sagten: »Mami, das können wir doch hier auch noch mal so machen wie auf dem Berg?« Und dann stellten wir uns mit dem Gesicht zum Meer und nahmen all die Eindrücke auf, die sich uns boten. Der weiche, mollige Sand unter unseren Füßen, die Wellen mit ihren winzigen Schaumkronen, das Licht der untergehenden Sonne, die sanfte Salzluft, einzelne Watte-Wolken am strahlenden Himmel, die kreischenden Möwen, das wogende Gras auf den Dünen, die vom Wind hochgewirbelten Sandkörner, die uns an den Waden kitzelten, der frische Geruch nach Salz und Sonne …

Innehalten und genießen – in meinem Job gibt es ganz besondere Situationen, in denen nicht wirklich daran zu denken ist. Man glaubt es kaum, aber das Essen vor der Kamera gehört dazu. Da sitze ich vor einem wunderbaren Stück hausgemachter Torte und möchte zeigen, wie lecker die ist. Das machen wir natürlich am besten mit einem appetitlichen, frischen Stück und nicht, wenn der Teller schon fast leergegessen und verschmiert ist. Ich zupfe auch nicht damenhaft ein kleines Spitzchen von der Torte weg, sondern mache einen herzhaften Happs. Wer genau hinschaut, sieht, dass ich ein Tortenstück oft nicht von der Spitze her esse, sondern mit der Gabel seitlich ein Stück herausnehme. So kann ich, falls ein zweiter Anlauf nötig wird, den Teller einfach um 180 Grad drehen und die Torte sieht mit perfekter Spitze aus wie neu. Das mache ich schon ganz automatisch, schließlich kam es schon ein paar Mal vor, dass es nur ein einziges Stück einer tollen regionalen Spezialität zu kaufen gab. Ganz schön heikel! Denn sobald so ein Kuchenstück in seiner ganzen Pracht vom Team in die Mangel genommen wird, sieht es nicht mehr taufrisch aus. Da ist etwa die Hitze der Sonne, außerdem steche ich mehrfach auf das arme Ding ein, damit der Kameramann den Vorgang des Genießens aus mehreren Perspektiven zeigen kann. Habe ich die Torte erst mal zur Hälfte verspeist, sind weitere nahe Einstellungen nicht mehr möglich. Auch wenn Kuchenmaterial zur Genüge vorhanden ist, kann die Sache mit dem Essen anstrengend sein. Manchmal braucht es einige Anläufe, und bis die Szene im Kasten ist, habe ich zwei, drei Tortenstücke intus. Wenn wir kurz zuvor ausgiebig zu Mittag gegessen haben, ist das gar nicht so einfach! Aber eigentlich passt bei mir ein Stück Kuchen immer rein. Es geht übrigens auch andersherum: Der Magen hängt uns schon in den Kniekehlen und genau in dem Augenblick, wenn ich lustvoll zuschlagen will, heißt es: »Stopp! Neue Torte!« Oder: »Okay, das Hinsetzen reicht schon. Die Torten filmen wir später detailliert in der Vitrine. Jetzt machen wir direkt die nächste Moderation.« Das sind manchmal wahre Tantalusqualen für mich! Und dann gibt es natürlich die vielfältigsten Missgeschicke. Bei besonders kunstvoll aufgeschichteten Torten habe ich auf einmal Sahne an der Nase. Oder mir fällt ein Stück Torte von der Gabel. Früher wäre die Szene neu gedreht worden, heute sind wir wie gesagt entspannter in puncto Perfektion und lassen solche Verstolperer im Film drin. Ist ja auch viel authentischer. Mit einem »Wer kennt das nicht: Je mehr Schichten, desto schwieriger wird's« leite ich dann über die kleine Panne hinweg. Mir ist auch schon vor laufender Kamera der Hering aus dem Fischbrötchen rausgeflutscht. Sieht sehr komisch aus, wenn das Brötchen leer ist und einem der lange Fisch am Stück aus dem Mund hängt. Apropos Fisch: Eine meiner größten Herausforderungen beim Thema Essen war, als ich an einem Markttag in Holland einen frischen Matjes stilecht probieren sollte: mit Daumen und Zeigefinger an der Schwanzflosse packen, Kopf in den Nacken legen, den Fisch von oben Richtung Mund senken und Stück für Stück abbeißen. Mein Problem: Es war noch sehr, sehr früh am Morgen – für meinen Geschmack sowieso nicht der beste Zeitpunkt für salzigen Fisch – und wir kamen gerade vom Frühstück. Da brauchte es schon eine gewisse Überwindung, diesen kulinarischen Genuss den Zuschauern überzeugend nahezubringen. Aber ich will es positiv sehen: Ich esse und genieße für mein Leben gern. Und wenn ich es mir nach den Dreharbeiten wieder ganz nach Appetit schmecken lassen darf, ist es umso schöner.

Wer geübt ist, die Welt um sich herum im Hier und Jetzt wahrzunehmen und zu schätzen, der wird auch die Menschen in seiner Umgebung nicht übersehen. Kurz vor dem Abitur machten wir im Kunstunterricht eine Kohlezeichnung. Neben mir saß zufällig eine Klassenkameradin, mit der ich nie viel zu tun gehabt hatte. Wir kamen ins Gespräch und ich war überrascht, wie nett sie war. Merkwürdig! In einer Waldorfschule bleiben die Schüler einer Klasse vom ersten bis zum letzten Schuljahr zusammen. Das Mädchen neben mir war also mit mir zusammen eingeschult worden, wir hatten dreizehn Jahre lang im selben Raum gesessen, dieselben Lehrer gehabt und wer weiß wie viele Klassenfahrten miteinander unternommen. So viele Möglichkeiten, sich zu begegnen! Und nun standen wir kurz vor unserem Abschluss und redeten zum ersten Mal so richtig miteinander. Wie konnte das sein? Ich hatte mich in der Schule von Anfang an pudelwohl gefühlt und war immer in einem Pulk von Mitschülern zu finden gewesen. Sie dagegen war weniger kommunikativ und spielte eine ganz andere Rolle im Klassengefüge. Und nun saß dieses Mädchen neben mir und erzählte, wie sehr sie unter ihrem Außenseiterstatus gelitten hatte. Sie sagte das nicht, um mir ein schlechtes Gewissen zu machen, sondern wohl um endlich mit einer eher unglücklichen Schulzeit abschließen zu können. Ich war erschüttert, denn ich schätzte mich als sehr integrativ ein. Die ganze Schulzeit hindurch hatte ich immer viel Energie darauf verwendet, dass niemand aus meinem Kreis außen vor blieb. Doch irgendwann einmal hatte ich aus unerfindlichen Gründen entschieden, wer dazugehört und wer nicht. Die »Ausgemusterten« spielten für mich keine Rolle mehr und waren ganz aus meiner Wahrnehmung herausgefallen. Das tat mir nun ehrlich leid. Aber es war zu spät. Ein paar Wochen später verließen das Mädchen aus dem Zeichenunterricht und ich die Schule und wir haben uns nur noch sporadisch wiedergesehen. Dabei hätten wir unter anderen Umständen vielleicht gute Freundinnen sein können.

Heute, über zwanzig Jahre später, ist mir das Gespräch im Zeichensaal unserer Schule immer noch präsent. Natürlich kann man nicht allen Menschen per Gießkannenprinzip seine Aufmerksamkeit schenken und auch nicht jede Bekanntschaft stellt sich als ein Gewinn heraus. Doch statt wie im Eiskanal durchs Leben zu rauschen, möchte ich manchmal innehalten und meinen Blick bewusst auf Menschen richten, die sonst nicht auf meinem Schirm sind. Das kann jemand sein, den ich öfter beim Einkaufen sehe, ein Arbeitskollege, dem ich bis jetzt immer nur »Guten Tag« gewünscht habe, oder eine Nachbarin, die seit Jahren nebenan wohnt. Bestimmt wartet noch die eine oder andere Überraschung auf mich. Aber nur, wenn ich möglichst unvoreingenommen bin und mir die Mühe mache, mit frischem, unverstelltem Blick die Welt um mich herum wahrzunehmen.

Es gibt etwas, das mir hilft, auf diese Weise im Leben beweglich zu bleiben: Ich möchte möglichst wenig Ballast mit mir herumschleppen. Nur mit kleinem Gepäck – physisch, aber vor allem auch mental – bin ich flexibel genug, um Neues zu entdecken. Ich finde, der schwerste Ballast sind die Erwartungen. Wer Erwartungen hat, läuft Gefahr, sich die Welt und die Menschen passend zurechtzubiegen. Außerdem übersieht er so manches. Ein kleines, schlichtes Kirchlein kann viel eindrucksvoller sein als der gigantische Dom, der im Reiseführer fett gedruckt ist. Ich denke da an eine ganz bestimmte Kirche auf Usedom. Es ist die St.-Michael-Kirche in Krummin, eine ehemalige Klosterkirche mit besonderer Ausstrahlung. Seit vielen Jahrhunderten hat sie unzähligen Generationen Schutz und Geborgenheit geboten. Ohne Gold- und Flitterpracht strahlt sie eine enorme Kraft aus. Auch ich als Gast hatte sofort den Eindruck, dass ich hier Halt und Zuversicht erfahren kann. Als ich dort auf den ausgetretenen Steinplatten im Inneren stand, war mir ganz demütig zumute. Am Eingang gab es ein Büchlein zu kaufen, in dem von den Familien der Umgebung traditionelle Küchenrezepte zusammengetragen worden waren, einige von ihnen schon über hundert Jahre alt. Die Rezepte waren als Faksimiles abgebildet, jedes in einer anderen Handschrift. Einen Moment lang fragte ich mich: »Hmm, schön, aber was hat so ein Buch in einer Kirche verloren?« Aber dann war mir schnell klar: Was für eine wunderbare Idee, an einem Ort wie diesem den Menschen zu zeigen, dass sie Teil einer fortlaufenden Abfolge von Generationen sind. Für mich machte das großen Sinn. Es gibt diese Orte, an denen jeder, der sich öffnet, auf Wesentliches zurückgeführt wird und die Möglichkeit erhält, im Kleinen etwas ganz Großes zu entdecken. Ich finde, die kleine Krumminer Kirche gehört zu ihnen.

Erwartungen sind wie Listen zum Abhaken. »Das muss aber so und so aussehen, sonst komme ich nicht auf meine Kosten.« Mit kleinem Gepäck unterwegs zu sein erlaubt es mir dagegen, mich spontan und flexibel auf Situationen einzulassen. Dann bin ich zwar nicht für alle Eventualitäten gewappnet und gerüstet, aber ich will ja auch nicht in den Krieg ziehen. Außerdem: Je schwerer die Rüstung, desto unbeweglicher wäre ich. Ich will lieber unvoreingenommen sein. Damit meine ich nicht etwa eine übergroße Gelassenheit, die kann ja schnell in Richtung Desinteresse gehen. Und auch keine Unverbindlichkeit. Ganz im Gegenteil, ich möchte mich ja auf den Moment einlassen. Mit kleinem Gepäck darf ich Menschen, Dinge und Situationen erst mal auf mich wirken lassen, ohne sofort zu bewerten oder das Gesehene mit meinen Erwartungen zu vergleichen.

Ich finde, das »kleine Gepäck« umfasst auch die Leichtigkeit im Umgang mit anderen Menschen. Je mehr Religionen, Rituale und Traditionen ich kennenlernen durfte, desto demütiger und vorsichtiger bin ich mit meinem Urteil geworden. Am liebsten begegne ich Menschen wertschätzend und lasse sie gelten, ohne sie engherzig zurechtzuweisen. Ich denke da an eine Szene, die ich einmal im Zug nach Köln erlebt habe. Es war sehr voll und ich musste einige Zeit im Gang vor den Zugtüren stehen. Dicht neben mir warteten auch zwei sehr resolute Damen auf einen frei werdenden Sitzplatz, ihrem Gepäck nach waren sie wohl auf dem Weg zum Flughafen. Die beiden schauten mich eine Weile fragend von der Seite an, überlegten, wo sie mich schon mal gesehen haben könnten. Dann fiel der Groschen. »Ach! Sie sind doch die Frau Kallert!« Große Freude allenthalben. Wir kamen ins Gespräch. Die beiden waren tatsächlich auf dem Weg zum Köln-Bonner Flughafen, von dort würden sie nach Kuba fliegen. Dann sagten sie: »Frau Kallert, wissen Sie was? Wegen *Ihnen* fahren wir nach Kuba. Wir haben Ihre Sendung gesehen und haben uns gesagt: Da wollen wir auch hin!« Das freut mich ja immer ganz doll, wenn wir die Zuschauer zu einer schönen Reise animieren können. Aber ich bin nie in Kuba gewesen. »Das freut mich aber sehr, dass Ihnen unsere Sendung gefällt«, sagte ich. »Aber in Kuba hat meine Kollegin Andrea Grießmann moderiert.« – »Nee!«, empörte sich die erste Dame. »Das waren Sie! Das weiß ich ganz genau!« Und die zweite sagte: »Ich hab doch den roten Rucksack gesehen! Das waren ganz klar Sie dort in Kuba!« Na ja, man sollte schon meinen, dass ich selbst es wissen müsste. Ich hatte die Wahl. Ich konnte mein angekratztes Ego siegen lassen, mich aufregen und die gute Stimmung durch Besserwisserei trüben. Oder den Damen ihren kleinen Irrtum durchgehen lassen und mir denken: »Das ist ja eigentlich zum Schmunzeln, dass die beiden mir erklären, wo ich gewesen bin.« Ich fand es in dieser Situation völlig unwichtig, ob nun ich oder meine Kollegin in Kuba gewesen war. Wir plauderten also noch eine Weile nett miteinander, dann mussten wir aussteigen. Als wir uns freundlich voneinander verabschiedeten, sagte die eine der beiden Damen: »Ach, wissen Sie, Frau Kallert, ich habe es mir überlegt: Es könnte sein, dass es doch die andere Moderatorin gewesen ist.«

»Ruhig mal mit kleinem Gepäck unterwegs sein« – diesen Tipp gebe ich gerne den Zuschauern mit. Das meine ich auch ganz prosaisch: keine zu großen Koffer. Doch das ist manchmal leichter gesagt als getan. Vor allem bei Dreharbeiten bin ich leider diejenige, die sich am allerwenigsten an den eigenen Ratschlag halten kann. Alle Outfits muss ich komplett und aufeinander abgestimmt auf die Reise mitnehmen. Weil ich auch noch unterschiedliche Wettersituationen einplanen muss, kommt da ganz schön viel Zeug zusammen. Auch einen weiteren Tipp an die Zuschauer kann ich leider meist nicht selbst befolgen: ruhig mal vor Ort etwas Authentisches zum Anziehen kaufen. Ich habe leider keine Zeit, zum Beispiel in Budapest eine reich bestickte Bluse für den Dreh zu kaufen. Es wird ja sofort gedreht, sobald wir angekommen sind. Wo aber bekomme ich in Deutschland so eine typische Bluse her? Da hilft mir wieder die Stylistin. Ich muss auch darauf achten, dass die Kleidung kameratauglich ist. Kleine Muster gehen gar nicht, denn dann flimmert das Fernsehbild. Aufwendige und verspielte Schnitte würden vom Gesicht ablenken, außerdem würde so ein Stil auch nicht zu mir passen. Ich will mich ja vor der Kamera nicht verkleidet fühlen. Das einzig Auffallende dürfen die Farben sein: Strahlende Töne machen gute Laune, vor allem dann, wenn es neblig und grau ist. Ganz schön knifflig, für jeden Drehtag eine Garderobe zusammenzustellen, die alle diese Regeln befolgt!

Dem Autor wäre es fast am liebsten, ich würde möglichst wenig die Kleidung wechseln, denn dann ist er später beim Zusammenschnitt der einzelnen Szenen flexibler. Doch für den Zuschauer soll ja nicht nur die Landschaft abwechslungsreich sein. Eine Woche lang immer dasselbe T-Shirt tragen ist keine Option. Wenn allerdings in unseren Breiten auf dem Land gefilmt wird, bin ich oft mit einer sportlichen Jacke unterwegs. Als wir am Mittelrhein drehten, gab es jede Menge alter Burgen, ein Weltkulturerbe neben dem anderen. Überall mit dabei: meine Steppjacke. Doch ich wusste ja, dass wir auch in dem kleinen Städtchen Boppard drehen würden. Endlich ein passender

Anlass, etwas anderes als die zweckmäßige Outdoor-Jacke zu tragen! Für diese Gelegenheit hatte ich ein leuchtend rotes Mäntelchen mitgenommen – todschick, aber eindeutig besser in der Großstadt als in einem mittelalterlichen Städtchen aufgehoben. Das wurde mir leider erst klar, als es schon zu spät war. Den ganzen Tag war ich in dem feschen Mantel unterwegs und kam mir völlig fehl am Platze vor. Es ein bisschen lässiger und sportlicher anzugehen, wäre besser gewesen. Als ich den fertig geschnittenen Film anschaute, dachte ich: »Na ja, dieser Auftritt war wirklich nicht sehr gelungen. Wieder was gelernt …«

Auch die Paarung »hochhackige Schuhe« und »Kopfsteinpflaster« ist so eine Sache. Mal lasse ich mich bewusst auf die Quälerei ein – wie damals in Barcelona – mal denke ich im Vorfeld nicht genügend nach. So kam es, dass ich bei unserem ersten Rom-Besuch in viel zu hohen Schuhen über die Steinplatten der uralten Via Appia stöckelte. Weil ich an diesem Tag keine anderen Schuhe zum Wechseln dabeihatte, half nur die Flucht nach vorne. Wir überlegten uns eine ganz besondere Einstellung: Der Kameramann legte seine Kamera auf den Boden und ich eierte ins Bild rein: »Tja, liebe Zuschauer. Auf der Via Appia sollte man sich besser vorher überlegen, was man sich an die Füße tut.« Jeder, der schon mal in den falschen Schuhen eine Städtereise oder eine Wanderung gemacht hat, weiß, dass schon eine einzige Blase reicht, um einem den Tag zu verderben.

Genieß den Augenblick! – Leicht gesagt, wenn man schlechte Zeiten hat. Erst vor ein paar Tagen hat mich eine jüngere, sehr heruntergekommene Frau am Flughafen angesprochen. Sie sagte, dass sie im Moment obdachlos sei, und wollte ein wenig Geld: »Hast du was für mich?« In manchen Momenten erschüttern mich solche Begegnungen sehr. Es geht nicht darum, ein Urteil zu fällen. Fakt ist, dass es im Leben jede Menge Ungerechtigkeiten gibt, und viele Menschen mussten schon viel Schlechtes erleben. Manchmal läuft es einfach nicht so, wie man es sich einmal vorgestellt hat. »Ich hab ein Leben lang gedacht, es wird noch mal gut. Aber es sieht nicht so aus, als würde das passieren. Für mich sind die meisten Züge schon abgefahren«, sagte mir einmal eine gute Freundin. Wenn einen das Leben beutelt, dann ist das Letzte, was man brauchen kann, dass einem vorgeplaudert wird, wie toll das Leben ist: »Das wird schon! Sieh's mal positiv!« Nein, das Leben ist definitiv nicht durchgängig toll, es ist auch anstrengend und verlangt einem ein ständiges Ringen ab. Und manchmal braucht es sehr viel mehr als nur den mental richtigen Ansatz. Dann kann man nur versuchen, nicht zu verbittern.

Ich denke, dass ich, was zugeteiltes Glück und Unglück im Leben angeht, sozusagen im oberen Mittelfeld bin. Da war zum Beispiel die Trennung meiner Eltern. So wie wohl fast alle Kinder in dieser Situation habe ich mir viele Gedanken gemacht: »Da bricht was auseinander, ob wohl noch irgendetwas in meinem Leben stabil bleibt?« Oder als mein Bruder operiert wurde und niemand wusste, ob die Sache gut ausgehen würde. Da war ich Ende zwanzig und bewegte mich über Wochen wie in Zeitlupe.

Dass auch eine berufliche Stagnation an die Substanz geht, habe ich ebenfalls am eigenen Leib erfahren. Das Reiseformat beim Deutschen Sportfernsehen lief aus, mein Vertrag wurde nicht verlängert. Ich hatte immer damit rechnen müssen, doch eine Überraschung war es dann doch. Meine erste Reaktion war noch ganz positiv: »Puh, endlich mal Pause!« Die freie Zeit war mir sehr willkommen, mir fielen tausend Dinge ein, für die nun der Weg frei war. Schon ewig wollte ich in Ruhe »Haben oder Sein« von Erich Fromm lesen, war aber nie dazu gekommen. Ich freute mich auch darauf, gemütlich meine Zeit mit ungestörtem Lesen zu verbringen und auch endlich wieder ausgiebig Freunde zu treffen. Ich würde auch Zeit haben, Konzerte zu besuchen oder ins Theater zu gehen. Für beides hatte ich selten genug Energie aufbringen können, Kino kriegt man ja zwischendurch eher mal hin. Aber aus all diesen Vorhaben wurde nichts. Bevor ich aus der gehetzten Überdrehung des Jobs in eine Entspannungshaltung fand, hatte sich schon die Sorge ins Leben geschlichen. Es fiel mir schwer, wenn ich Kollegen erklären musste: »Nein, ich hab noch nichts gefunden und weiß auch noch nicht genau, wie es weitergeht.« Und wenn sie dann sagten: »Kenn ich. War bei mir schon ein paar Mal so. Das wird wieder«, baute mich das nur kurzfristig auf. Das Gefühl der Zurückweisung überdeckte alles. Viele Jahre lang war ich auf der Überholspur gewesen, war mordsgefragt und hatte viel Anerkennung eingeheimst – und plötzlich krähte kein Hahn mehr nach mir. Auf meine Anfragen kam immer nur dieselbe Antwort: »Im Prinzip gerne, aber nicht im Moment.« Nach einigen Wochen ohne Jobangebot ging ich zum Arbeitsamt. Mit diesem Gang zementierte sich mein Status: Ich habe keine Arbeit und das muss ich jetzt anmelden. Ich musste Rede und Antwort stehen: Wo sind meine Stärken? Wo sehe ich Verdienstmöglichkeiten? Auf einmal stand alles zur

Disposition. Ich denke, für niemanden ist diese Situation einfach, auch mir ist das alles echt schwergefallen.

Ohne stabiles Umfeld hätte ich diese Zeit kaum unbeschadet überstanden. Einerseits sah es für mich gar nicht so schlecht aus. Meine Ansprüche runterzufahren war für mich kein Problem, ich wohnte nun in Berlin in einer Fünfzig-Quadratmeter-Wohnung und lebte von einem Bruchteil des Geldes, das ich zuvor ausgegeben hatte. Ich hatte also ein Dach überm Kopf, dazu noch Geld auf der hohen Kante und eine Familie, die mich nicht hängen lassen würde. Die Vernunft sagte mir, dass ich schon nicht verhungern würde. Trotzdem waren da die Existenzängste. Nach einem halben Jahr kam ich ins Wackeln. Die Durststrecke dauerte immer länger und die Lücke im Lebenslauf wurde immer größer. Der Gedanke »Was denken die anderen?« quälte mich. Am schlimmsten aber war, dass ich Gefahr lief, missgünstig zu werden. »Warum hat *der* einen Job und ich nicht?« Würde es damit enden, dass ich niemandem mehr etwas gönnte?

Was einen fertig macht, ist die Ungewissheit. Hätte mir jemand gesagt: »In soundso viel Monaten hast du wieder einen tollen Job«, hätte ich es genießen können, ein wenig Luft holen zu dürfen. Auch eine längere Auszeit wäre kein Problem gewesen. Wenn ein Ende absehbar ist, geht auch nicht die Zuversicht verloren. Es war nicht so, dass ich untätig war. Ich rief regelmäßig bei den Sendern an, schaute bei Kollegen vorbei, um etwas vom Flurfunk mitzubekommen: Wo wurde eine neue Sendung geplant? Wo könnte eine Moderatorin, eine Journalistin gebraucht werden? Trotzdem fühlte ich mich wie gelähmt und aus der Pause wurde eine Krise. Heute ist mir klar, dass ich relativ schnell in eine passive Haltung gerutscht war. Ich dachte: »*Es* muss sich was tun … *es* kommt schon eine Gelegenheit …« Ich erwartete also, dass mich etwas geradezu ansprang. Doch das Warten auf *etwas* macht die Situation zäh. Auch zehn, zwanzig, fünfzig Telefonate führen, Bewerbungen schreiben und Leute treffen kann von der Haltung her wie ein Warten sein. Warten auf einen Zufall, Warten auf eine Zusage. Manchmal hat man Glück. Doch ein Warten ist es trotzdem.

Auf einmal war die Erkenntnis in mir: Offen sein für eine Zusage reicht nicht. *Ich* muss mich bewegen, nicht die anderen. Es ist dabei gar nicht so wichtig, ob es ein »richtiger« Schritt ist. Wer weiß das schon? Hauptsache, ich komme aus dem Warten heraus. Ich wusste, dass der deutsch-französische Sender »arte« ein spannendes Programm macht. Um für diesen Sender interessant zu sein, musste ich aber mein Schulfranzösisch aufbessern. Also machte ich am Institut Français einen Crashkurs. Natürlich kann auch ein Sprachkurs eine Form von Warten sein, aber bei mir war es etwas anderes: Meine Haltung war auf einmal eine andere. Ich hatte den Eindruck, ich hätte wieder das Heft in der Hand. Es war wirklich »nur« eine Sache der inneren Einstellung, doch das Gefühl, dass ich aktiv geworden war, stabilisierte mich. Ich fühlte mich wieder wohler in meiner Haut. Ich wurde wieder geselliger und extrovertierter, kam mehr unter Leute. Es stand nicht mehr alles unter dem unglücklichen »Weißt du einen Job für mich?«-Stern, sondern ich konnte wieder ganz gelöst mit Menschen über alles Mögliche sprechen. Und so kamen die Dinge in Bewegung. Ich traf einen ehemaligen

Kollegen zu einem munteren Kaffee. Ich wollte ihn gar nicht nach einem Job ausquetschen, aber er sagte mir ganz nebenbei: »Hey, ich hab gehört, beim WDR überlegen sie ein paar neue Formate.« Wenige Tage später saß ich mit zwei WDR-Redakteuren zusammen und überlegte mit ihnen gemeinsam, wie das neue »Wunderschön!« aussehen könnte. Ich war ganz weit weg von einem ängstlichen Die-müssen-mich-jetzt-ganz-toll-Finden! So ein lockeres, inspirierendes Gespräch hätte ich nicht hinbekommen, wenn ich gerade vom Arbeitsamt gekommen wäre und dort wieder einmal gehört hätte, dass mich niemand braucht.

Ich habe den Eindruck, dass ich auf meiner Lebensreise Übung darin bekommen habe, schlimme Phasen zu überstehen. Meine jugendliche Zuversicht hat sich in Richtung grundsätzliches Vertrauen ins Leben entwickelt. Ich finde, das ist eine erwachsenere und stabilere Form der Zuversicht. Irgendwann werde ich vielleicht so sehr in mir ruhen, dass mich fast nichts mehr umhauen kann. Ich kenne allerdings viele Menschen, die nach meiner Einschätzung viel besser darin sind als ich. Da fällt mir sofort Knud Knudsen ein, der Watt-Postbote. Eigentlich ist er auf Pellworm im Küstenschutz tätig, doch zweimal in der Woche bringt er die Post zu Fuß auf die fast sieben Kilometer entfernte Hallig Süderoog. Dass sich gerne Touristen an seine Fersen heften, um sicher durchs Watt zu kommen, erträgt er stoisch. Er tut ihnen gerne diesen Gefallen, auch wenn es manchmal zwanzig, dreißig Menschen sind, für die er die Verantwortung übernehmen muss. Als ich ihn kennenlernte, ging er auf die sechzig zu. Er war groß und präsent, auf mich machte er fast schon einen etwas bedrohlichen

Eindruck, gleichzeitig war da was Feines und Scheues an ihm. Ein wenig erinnerte er mich an den Scheinriesen Tur Tur aus dem Buch »Jim Knopf und Lukas der Lokomotivführer« von Michael Ende, das ich meinen Kindern schon oft vorgelesen habe: von Weitem etwas wild, bei näherem Hinsehen aber richtig liebenswert. Das Drehteam war schon ganz früh aufgestanden, es war noch stockdunkel und sehr kühl. Ich hatte zwei dicke Jacken übereinander an, als wir runter zum Deich gingen, um uns mit Knud zu treffen. Da stand er: barfuß und oben ohne. Schon öfter hatten ihn Kamerateams durchs Watt begleitet, doch nicht immer hinterlassen Fernsehteams positive Erinnerungen. Vor allem, wenn die Flut aufläuft und die Zeit knapp wird, ist es kein Vergnügen, wenn von einem erwartet wird, noch mal und noch mal den gleichen Satz zu sagen. Knud empfing uns leicht reserviert. Als der Tontechniker ihn fragte, ob er nicht ein T-Shirt anziehen könne, um daran das Mikro festmachen zu können, lehnte Knud freundlich, aber bestimmt ab: Nein, er zieht nicht extra für uns ein Hemd an. Wir stutzten ein wenig, so eine Absage hatten wir noch nie gehabt. Doch Knud geht fast bei jedem Wetter mit nacktem Oberkörper und er hatte nicht vor, an dieser Gewohnheit etwas zu ändern. Das Tonkabel wurde dann eben an seinem Rucksack festgemacht, kein Problem. Auf unserem ersten gemeinsamen Foto am Deich sieht Knud noch ziemlich verschlossen aus. Natürlich wollte ich ihn für uns gewinnen. Das ist ja meine Aufgabe: Herzen öffnen. Als ich ihm versicherte: »Wir sind die Guten«, sah ich ein erstes vorsichtiges Lächeln auf seinem Gesicht.

Wir erlebten einen magischen Tagesanbruch. Gemeinsam stapften Knud und ich los. Die übrigen Teammitglieder hielten sich dezent im Hintergrund und achteten darauf, dass ihre überlangen Schatten nicht mit ins Bild kamen. Der Himmel war geheimnisvoll grau-blau verhangen, es war fast windstill und erstaunlich friedlich für die Nordsee. Irgendwann kam die Sonne durch und warf ihr fantastisch gleißendes Licht über die Riffelungen des Watts. Mehrmals ging es durch Priele, in denen kniehoch das Meerwasser stand, dazu die unglaubliche Weite und Ruhe der Landschaft und der Schlick, der uns um die Beine spritzte – dies alles machte unseren Spaziergang zu einem enorm sinnlichen Erlebnis. Knuds ruhiges Mit-sich-einverstanden-Sein übertrug sich auch auf mich. Die meiste Zeit gingen wir einfach nur nebeneinander her und freuten uns am Dasein. »Es ist alles gut«, dachte ich. »Ich muss jetzt gar nicht so eine große Welle machen und dauernd was Schlaues fragen.« Ein schönes Gefühl.

Knud und ich redeten nicht viel auf unserem Wattspaziergang. Knud bietet bei seinen Touren keine Show, aber wenn ich ihn etwas fragte, dann gab er eine Antwort. Ich wollte zum Beispiel wissen, warum er sich kein Boot anschafft. Das sei ihm zu teuer, meinte Knud. Es ginge ja auch so. Knud braucht wenig, er mag es schlicht und bescheiden und ist zufrieden mit dem, wie es ist. Er ist nicht nur im Einklang mit sich selbst, sondern auch außergewöhnlich klar in seinem Verhalten anderen gegenüber. Er weiß genau, wann der Gang übers Watt sicher ist. Wenn das Wetter nicht mitspielt oder die Flut schon zu nah ist, können ein Dutzend Touristen dastehen und enttäuscht sein – es würde ihm nicht in den Sinn kommen, trotzdem loszugehen, um ihnen einen Gefallen zu tun. Wenn er von den Menschen, die er übers Watt führt, Wertschätzung und Herzlichkeit erfährt, freut ihn das sehr. Aber er braucht das nicht.

Nach neunzig Minuten Fußmarsch erreichten wir die Hallig. Dort verabschiedeten wir uns für kurze Zeit von Knud und waren damit beschäftigt, die Pächter der Hallig zu interviewen und die Schafe, die die Deiche abgrasen, zu filmen. Auch an ein paar Hängebauchschweine kann ich mich erinnern. Als wir nach gut zwei Stunden fertig waren, hatte sich das Watt wieder in ein Meer verwandelt. Dort, wo wir gerade noch gelaufen waren, rollten nun wieder die Wellen der Nordsee. Natürlich war uns klar, dass sich Ebbe und Flut abwechseln, doch den Effekt so hautnah mitzuerleben, war wirklich sehr beeindruckend. Der Halligpächter brachte uns alle in seinem Boot wieder nach Pellworm zurück. Als ich Knud so entspannt im Boot sitzen sah, kam mir ein Gedanke: Es gibt wohl kaum eine Gegend auf der Welt, die wechselhafter ist als das Nordseewatt. Und Knud Knudsen ist das genaue Gegenteil, er ruht in sich. Ich finde, Knud Knudsen und die Landschaft, in der er wohnt, passen sehr gut zusammen.

Nun möchte ich noch eine Geschichte erzählen, die auf den ersten Blick nichts mit Watt und Nordsee zu tun hat. Sie hat sich in Ägypten zugetragen. So mancher denkt da sofort an die Pyramiden, ans Tauchen im Roten Meer, an die Souks, die Wüste, den Nil ... Für mich steht aber was ganz anderes an erster Stelle: Kamele! Ich finde, kein Tier ist exotischer und märchenhafter als so ein tolles Wüstenschiff. Als wir über eine Sendung über Ägypten diskutierten, stand für mich fest, dass unbedingt auch ein Kamel dabei sein müsste. Genauer: Ich wollte mit einem intensiven, emotionalen Erlebnis in die Sendung einsteigen und als allererstes ein Kamel umarmen. Zuerst zündete meine Idee nicht so richtig bei den anderen Teammitgliedern, aber schließlich konnte ich sie überzeugen.

Auf mich üben alle Kamele – ganz gleich, ob zweihöckriges Trampeltier, einhöckriges Dromedar oder Lamas und Alpakas ohne Höcker – eine große Sogwirkung aus. Schon allein, weil sie mir gleich gute Laune machen. Ich durfte von 2004 bis 2010 die »Tiergeschichten« moderieren und viele Zoos hinter den Kulissen besuchen. Es war eine großartige Zeit, und wenn ich an sie zurückdenke, geht mir noch immer das Herz auf. Damals habe ich auch Lamas und Trampeltiere von Nahem kennengelernt. Was für tolle Tiere! Ihre innere Ruhe überträgt sich sofort auf Menschen und stabilisiert sie, das macht Kamele und Lamas ja auch zu idealen Begleitern für therapeutische Zwecke. Sie sind unglaublich duldsam und gleichzeitig können sie schnippisch und zickig sein. Und auch eine gewisse Arroganz lässt sich in ihre Mimik hineinlesen. Wenn sie durch ihre langen Wimpern von oben auf einen runtergucken, dann glaubt man sie sagen zu hören: »Na? Was willst du denn hier?« Diese Vielschichtigkeit macht Kamele für mich so faszinierend.

Unsere Reise durch Ägypten war so geplant, dass wir die Anmoderation erst am dritten Drehtag auf dem Programm hatten. Der Autor hatte bei seiner Vorrecherche einen Markt mit Hunderten Kamelen entdeckt. Genau das Richtige für unsere Dreharbeiten! An diesem Tag standen wir extra sehr früh auf und fuhren schlaftrunken über Schotterpisten Richtung Markt. Endlich kamen wir zu einer endlos langen Mauer, dahinter musste der Marktplatz liegen. Wir sahen schon in unserer Fantasie die Kamelhändler feilschen, hörten Kamele brüllen. Endlich fanden wir ein Tor, das uns ins Innere des Areals einließ. Vor uns öffnete sich eine riesige Fläche, auf der vereinsamt die Boxen für die Kamele standen. Wir trauten unseren Augen kaum. Das konnte doch nicht wahr sein! Weit und breit kein einziges Kamel, kein einziger Mensch! Nur gähnende Leere, in der der laue Wüstenwind hier und da ein Staubwölkchen tanzen ließ. Was für eine Pleite! Ratlos schauten wir den Autor an: Waren wir zu früh dran? Hatte er sich im Tag geirrt? Das konnte doch nicht sein! Endlich sahen wir ganz hinten einen Mann über den Platz gehen. Wir liefen hin, versuchten, mit Händen und Füßen redend aus ihm herauszubekommen, warum kein Markt stattfand. Der hob nur die Achseln. Aus unerfindlichen Gründen hatte sich der Markt um zwei Tage verschoben. Nicht auszuhalten! Wir überlegten: Sollen wir das Kamel aus dem Drehplan schmeißen? »Neiiin!« Also fuhren wir zwei Tage später dieselbe Schotterpiste noch einmal entlang. Dieses Mal erwartete uns ein Bild, so wie wir es uns vorgestellt hatten: Ein chaotisches Durcheinander von Kamelen und Händlern und eine Wahnsinns-Geräuschkulisse. Die Suche nach einem willigen Kamel gestaltete sich allerdings schwieriger als gedacht. Es war eine echte Herausforderung, einen Händler zu finden, der bei dem Spaß mitmachte. Das Kamel musste sich hinknien, damit ich überhaupt auf Kopfhöhe kam. Der Händler suchte ein besonders geduldiges Tier aus und ließ es sich hinsetzen. Spätestens hier holte uns die Realität endgültig ein. Wie wohl alle Kamele sah unseres von ferne wie ein edles Wüstenschiff, von Nahem aber ein wenig heruntergekommen aus. Weil es gerade im Fellwechsel war, hingen ihm an manchen Stellen zottige Fellfetzen herunter, andere Stellen waren fast kahl. Alles andere als ein Bilderbuch-Kamel! Dann die nächste Schwierigkeit: Selbst im Sitzen ragte der Kamelkopf noch weit über mich hinaus. Das Kamel musste also seinen Hals etwas nach unten beugen, damit wir Auge in Auge waren und ich ihm endlich einen Kuss geben konnte. Doch Kamele sind keine Schoßtiere und Schmusen gehört nicht zu ihrer Erfahrungswelt. Schwierig, den Kopf so eines megaeigenwilligen Tieres auf die richtige Höhe zu bekommen. Außerdem guckte das Tier dauernd in die falsche Richtung, es war kaum dazu zu bewegen, in Richtung Kamera und Puschel-Mikrofon zu schauen. Das Kamel musste sich also erst mal ein wenig an die Kamera gewöhnen, bevor daran zu denken war, es kameratauglich zu küssen. Da stand ich nun neben diesem riesigen Tier mit seinem riesigen Kopf. Diese merkwürdige Physiognomie des Kamelgesichts! Da war das ziemlich sabbrige Maul, die bewegliche, gespaltene Lippe, die langen gelblich-braunen Zähne. Ich wusste gar nicht, wo ich denn hinküssen sollte. Auch dass der Mund gerade große Mengen grünlich-schleimigen Zeugs hin und her matschte, bremste mich in meiner Leidenschaft. Dazu kam ein unglaublicher Mundgeruch. Aber ich hatte mir die Sache ja selber eingebrockt.

Endlich ließ das Kamel meine Annäherungsversuche stoisch über sich ergehen. Doch gleich beim ersten Kussversuch entsprang aus seinen tiefsten Tiefen ein Geräusch wie Donnergrollen. Und genau in dem Moment, in dem sich mein Gesicht dem seinen näherte, rülpste es mich an – und das war nicht nur warme Luft, die sich da in mein Gesicht entlud! Der eine oder andere halb verdaute Grasbrocken war auch mit dabei. Die Kollegen haben sich weggeschmissen vor Lachen. Und ich nach dem ersten Schockmoment auch. Was für ein Erlebnis! Gleich beim zweiten Versuch klappte die Sache Gott sei Dank. Der Kamelkuss, in meiner Vorstellung ein ganz leidenschaftlicher, hat mich echt Überwindung gekostet und fiel entsprechend zaghaft aus.

Irgendwie sind das Nordlicht Knud Knudsen und der ägyptische Kamelkuss in meinen Erinnerungen miteinander verbunden. Denn in Ägypten gelang es mir, es so wie Knud Knudsen zu machen: es nehmen, wie es kommt, und sich am Augenblick freuen.

9 HEIMKOMMEN

»Nichts ist vergleichbar mit dem guten Gefühl,
an einen vertrauten Ort zurückzukehren
und zu merken,wie sehr man sich verändert hat.«

Nelson Mandela (1918–2013)

Ich liebe Bänke. Auf ihnen kann man eine schöne Aussicht genießen oder sich ganz heimelig an eine warme Mauer anlehnen. Ihre oft verwitterte Oberfläche erzählt von Wind und Wetter und von den vielen Menschen, denen sie Momente des Innehaltens geschenkt haben. Wie herrlich, sich mit einem großen »Puh!« auf ihnen niederzulassen! Meine Familie kennt mich gut. Sie hat mir zu meinem vierzigsten Geburtstag so eine Bank geschenkt. Ganz schlicht, die Latten aus heimischem Holz und wunderbar bequem. Mein Vater machte ein wunderbares Gedicht dazu, das er bei der Übergabe-Zeremonie vortrug. Darin heißt es:

»Lass kurz die Welt vorüberrauschen.
Vergiss nicht, auf den Wind zu lauschen.
Sollst ruhig in die Sterne schauen,
kannst Deinem eignen Stern vertrauen.
Lass Deinen Sinnen freien Lauf
und atme tief.
Dann stehst Du auf –
und warst Du vorher leicht erschlafft,
gibt Dir das Bänkchen neue Kraft!«

Die Bank steht an unserem Haus und begrüßt mich jedes Mal, wenn ich von einer Reise heimkomme: »Jetzt bist du wieder bei deinen Lieben!« Ich muss allerdings zugeben, dass ich nur selten auf ihr sitze, denn sobald ich vom Trubel der Dreharbeiten zurückkehre, geht es ja gleich mit dem Trubel des Familienlebens weiter. Nur manchmal ziehe ich mir frühmorgens, wenn die anderen noch schlafen, schnell eine Strickjacke über den Schlafanzug, husche hinunter zu meinem Bänkchen und lasse mit einer Tasse Kaffee in beiden Händen den Tag erwachen. Ohne erst Kissen umständlich zusammenzusuchen, denn sonst wäre der kostbare Moment auch schon wieder vorbei. Lohnt sich die Bank dann überhaupt? Na klar! Denn sie trägt ein gutes Stück zu meiner Lebensqualität bei. Ganz oft denke ich: »Wenn ich wollte, könnte ich mich jetzt unten hinsetzen.« Aber dann mache ich doch mit der Wäsche oder dem Aufräumen weiter. Es ist, wie wenn man in München wohnt und sich sagt: »Wenn ich wollte, könnte ich in ein paar Stunden am Gardasee einen Cappuccino trinken.« Man macht es fast nie, aber allein die Möglichkeit ist Teil des Lebensgefühls und macht das Leben gleich viel reicher.

An der Bank vor unserer Tür berühren sich Familie und Beruf, die beiden Welten, zwischen denen ich so wie viele andere Menschen hin und her pendele. Unterschiedlicher könnten diese beiden Teile meines Lebens kaum sein: Als Moderatorin gehe ich auf die Welt zu, zu Hause darf ich die Welt auf mich zukommen lassen. Beide Varianten wechseln sich in schöner Regelmäßigkeit ab. Nach einer gewissen Zeit zu Hause werde ich unruhig und bekomme Lust auf einen neuen Aufbruch. Es zieht mich aus der

Enge hinaus in die Weite, wo alles spannend und neu ist. Und dann komme ich reich an neuen Erfahrungen heim und genieße wieder die Sicherheit und Beständigkeit des Familienlebens. Natürlich fühle ich mich manchmal zwischen diesen beiden Welten zerrissen, aber gleichzeitig bin ich dankbar, dass ich beides haben kann. Nur der Wechsel fällt mir schwer. Wenn ich losziehe, ist es ja oft ein Abschied für viele Tage, vor allem die Trennung von den Kindern ist hart. Aber dann stehe ich mit meinem Gepäck am Bahngleis, alles ist organisiert und bereit und ich kann loslassen und das schöne Gefühl eines kleinen Neuanfangs genießen. Ich finde, auch die Kinder sollen loslassen dürfen. Sie kommen ja sehr gut damit zurecht, dass ich streckenweise nicht bei ihnen bin. Mit ihnen jeden Tag zu telefonieren wäre für mich ein Trostpflaster, doch das versage ich mir meistens. Als die beiden noch kleiner waren, habe ich ihnen mal einen kurzen, selbstgedrehten Film vom Schnorcheln in der Karibik geschickt. Doch das riss die beiden nur aus ihrer Welt heraus und machte sie traurig. Statt sie dauernd daran zu erinnern, dass ich nicht da bin, stelle ich mir lieber vor, wie sie in Ruhe an ihrer Höhle im Wald bauen.

Ich bin dankbar dafür, dass sich bei mir Beruf und Familie meist gut voneinander trennen lassen, denn nur so kann ich in jeder der beiden Welten hundert Prozent geben. Bin ich bei meiner Familie, denke ich kaum ans Drehen, und wenn ich auf Reisen bin, sorge ich mich nicht um meine Familie. Ich weiß ja, dass es ihnen allen gut geht. Dieses Lebensmodell ist aber nur möglich, weil mein Mann Nik, der auch Journalist ist, und meine Mutter mich bedingungslos unterstützen und sich zusammen mit Großpapi,

Paten und engen Freunden der Familie liebevoll um die Kinder kümmern. Wenn ich mal wieder unsicher bin, sagt Nik: »Flieg, mein Schatz, mach das, wir kommen hier gut klar und sind stolz auf dich!« Ich fühle mich von ganz viel Liebe getragen und kann so wirklich loslassen. Müsste ich beim Dreh ständig daran denken, ob die beiden Kleinen auch wirklich aus der Schule abgeholt werden und ein gutes Mittagessen bekommen, könnte ich es gar nicht aushalten. Ich muss auch keine Angst haben, dass mir im Beruf etwas verloren geht, wenn ich mal nicht präsent bin, sondern zu Hause bei der Familie. Doch einen Haken gibt es bei der Sache: Wenn ich unterwegs bin, überfällt mich nach einer gewissen Zeit die Sehnsucht nach zu Hause. Die ersten zwei, drei Tage mit dem Team tun einfach nur gut. Ab dem dritten, vierten Tag wird's kritisch; auch wenn es auf der Reise schön ist, wird für mich der Trennungsschmerz physisch spürbar. Ab dem vierten, fünften Tag kann ich es kaum mehr aushalten. Gleichzeitig tauche ich mit Wonne in die Abenteuer der Reise ein. Freude und Schmerz liegen also ganz nah beieinander, das eine schließt das andere nicht aus.

Eine Schnittmenge zwischen Beruf und Familie gab es bisher nur in wenigen Ausnahmesituationen. Als mein erstes Kind auf die Welt kam, war es mir sehr wichtig, es erst mal in Ruhe ankommen zu lassen und auch nicht gleich irgendwohin zu zerren. Vor allem wollte ich meinen kleinen Sohn stillen, anders konnte ich es mir gar nicht vorstellen. Deshalb habe ich auch sofort mitgemacht, als ich gefragt wurde, ob ich Schirmherrin der WHO/Unicef-Initiative »Babyfreundliches Krankenhaus« sein wollte. »Mit Urvertrauen auf die Lebensreise« war das Motto, mit dem wir auf die so unglaublich wichtige Zeit der ersten Lebensmonate aufmerksam machen wollten. Abgesprochen mit der Redaktion war, dass ich nach einer gewissen Zeit weitermachen würde. Aber wann ist der richtige Moment, wieder ins Berufsleben einzutauchen? Ich wusste es nicht, ich war ja noch nie in dieser Situation gewesen. Ich ließ mich aber von dieser Frage nicht verrückt machen. Als mein Bub ein halbes Jahr alt war, kam die Anfrage des Westdeutschen Rundfunks: »Bist du bereit für Dreharbeiten auf Madeira? Lass uns mal schauen, ob es schon geht.« Ich finde es großartig, dass die Redaktion mir genügend Raum gab, mich in Ruhe zu entscheiden. Es war einiges zu bedenken. Eines war klar: Ohne meinen Mann würde es nicht funktionieren. Er musste mitfahren. Und würde es für das kleine Büblein nicht zu viel werden? Nik und ich waren unsicher. Aber dann sagten wir uns: Wenn Nähe und Geborgenheit da sind, kann nicht viel schiefgehen. Und noch eine Klippe gab es zu umschiffen: Auch für die Teamkollegen würde die Konstellation mit Baby eine Herausforderung sein. Also fragte ich sie: »Könnt ihr euch das vorstellen?« Ich bin heute noch sehr dankbar, dass die Kollegen ganz unkompliziert reagierten. »Das kriegen wir schon irgendwie hin. Wir versuchen das mal.« Also nahm sich Nik für die Drehwoche Urlaub und zu dritt flogen wir auf die Insel des ewigen Frühlings.

Nun reiste also zum ersten Mal ein Maxi-Cosi im Teambus mit. Gar nicht so unproblematisch, wenn das Team auf der Fahrt zum nächsten Interview eigentlich noch einiges besprechen wollte und der Bub dazwischenkrähte. Es war auch ziemlich umständlich, erst den geländetauglichen Kinderwagen aus dem Kofferraum wuchten zu müssen, um an die Kameraausrüstung ranzukommen. Und dann wurden auch noch beim Wickeln auf der Rückbank die Geruchsnerven strapaziert. Es war schon eine Zumutung! Doch die Kollegen trugen die Situation großzügig und rücksichtsvoll mit, stemmten klaglos den logistischen Mehraufwand und organisierten die Arbeit soweit es ging um die Bedürfnisse von Mutter und Kind herum. Für alle war es noch anstrengender als sonst. Die Nächte von Nik und mir waren ziemlich kurz, die Maskenbildnerin hatte Mühe, morgens meine Augenringe in den Griff zu bekommen. Wir bemühten uns sehr, dass sich die Belastung für die Kollegen soweit wie möglich in Grenzen hielt. Wenn ich mal eine halbe Stunde Pause gebraucht hätte, versuchte ich, es auch ohne zu schaffen, die Kollegen mussten wegen mir ja schon genug Verzögerungen hinnehmen. Ich werde es ihnen nie vergessen, dass sie oft selbst dafür sorgten, dass mein Sohn und ich eine kleine Auszeit bekamen.

Einer der Höhepunkte der Madeira-Reise war der Besuch im uralten Lorbeerwald, der von der UNESCO zum Weltkulturerbe erklärt wurde und als »Ort der Erholung und Stille« berühmt ist. Früher einmal war der größte Teil Madeiras mit Wald bedeckt, doch nach Jahrhunderten der Brandrodung blieb nur dieses kleine Areal an einem der Vulkankrater als echter Urwald erhalten. Hier in der Bergregion ist es überraschend kühl und feucht und die knorrigen Baumveteranen sind mit Moosen und Flechten bewachsen. Der Meeresbiologe Thomas Sellinger, der uns bei dieser Reise als Lokalscout begleitete, und ich spazierten vor laufender Kamera durch das schattige Grün und ließen die verwunschene Atmosphäre auf uns wirken. Die Luft war erfüllt vom würzigen Duft des Lorbeers und dem

Gesang der Vögel. Dass Nik mit unserem Sohn in der Trage eine Wegbiegung von uns entfernt hinter uns herlief, um ihn mir in der nächsten Drehpause zum Stillen bringen zu können, sieht der Zuschauer im Film nicht. Thomas und ich unterhielten uns gerade fast flüsternd über die Magie dieses Augenblicks, als plötzlich das empörte Brüllen meines Sohnes durch den »Feenwald« hallte. Eilig schoben wir eine Stillpause ein, danach ging es für alle Teammitglieder wieder zurück auf Anfang. Auch diese Situation nahmen meine Kollegen mit Humor. Und alle freuten sich mit, als es an diesem Abend im Hotel auf Madeira die ersten Löffelchen Möhrenbrei für den munteren Junior gab.

Mit viel gutem Willen von allen Seiten haben wir die Drehwoche auf Madeira gut überstanden. Keine Selbstverständlichkeit! Deshalb war es mir wichtig, am Ende des letzten Drehtags, als wir alle ein letztes Mal beieinandersaßen, mich noch mal bei jedem Einzelnen zu bedanken. Ich habe meinen Sohn noch ein paar Mal mitgenommen, in Cornwall, im Harz, am Bodensee war er mit dabei. Später kam auch unsere kleine Tochter mit auf Tour. In dieser Zeit hat mich dann oft eine liebe Freundin unterstützt, die mitreiste und dafür sorgte, dass es den Kindern gut ging und wir in Ruhe arbeiten konnten. Jedes Mal habe ich im Vorfeld alle Beteiligten persönlich gefragt: »Ist es für dich okay?« Auf keinen Fall wollte ich Extrawürste für selbstverständlich nehmen und in eine Erwartungshaltung abrutschen. Einmal sagte ein Kameramann, der drei kleine Kinder hat, ein wenig ungehalten, dass er auch gerne mal seine Familie mit am Set hätte. Um Missstimmungen erst gar nicht aufkommen zu lassen, ist es wichtig, sich im Vorfeld offen und aufrichtig abzusprechen. Doch nach einigen Monaten hatte sich das Thema von selbst erledigt. Mein Sohn war zu groß geworden, um sich in einen komplizierten Tagesablauf einzufügen. Aber da war er dann auch alt genug, um auch mal eine Woche ohne Mami auszukommen.

Beruf und Familie – und wo bleibe ich selber? Ich habe ja schon erzählt, dass ich mir etwas mehr Zeit für mich wünsche. In der »Rushhour des Lebens«, wie es so schön heißt, ist das gar nicht so einfach. Nik setzt sich gern mal drei Stunden aufs Mountainbike und fährt die Berge rauf und runter, um sich auszupowern. Manchmal denke ich dann: »Drei Stunden nur für mich – die will ich auch haben!« Aber wenn ich ehrlich zu mir bin, dann weiß ich, dass das gar nicht zu mir passen würde. Ich bin erfüllt und zufrieden, genau *weil* ich von morgens bis abends auf Achse bin. Ich habe eine großartige Familie, die mein Leben komplett macht, und im Beruf viel Abwechslung und Inspiration. Ich fühle mich rundum wohl in meiner Haut. Und was ist mit der Achtsamkeit für sich selbst? Davon halte ich viel, habe aber auch die Erfahrung gemacht, dass sie in manchen Fällen zu einem Schlagwort ohne tieferen Inhalt verkommen ist. Ob nicht gerade die von außen an einen herangetragene Forderung, sich mehr Auszeiten zu nehmen, schnell zum Stressfaktor wird? Ähnlich geht es mir, wenn ich mal eine Frauenzeitschrift durchblättere und lese: »Diese zehn Eigenschaften machen starke Menschen aus«. Dann erwische ich mich dabei, dass ich mitzähle und gestresst bin, wenn mir – natürlich! – ein paar der aufgezählten Eigenschaften fehlen – zum Beispiel das regelmäßige Zeit-für-sich-Nehmen. Präventiv-Psychologie ist eine tolle Sache, aber würde ich ungefiltert alle Ratschläge übernehmen, stände ich ganz schön unter Druck.

Jeder Mensch hat nun mal seine eigene Taktung, denke ich. Vor einiger Zeit – ich hatte gerade mit diesem Buch angefangen – habe ich mir eine Meditations-App runtergeladen. Drei Minuten am Tag einer sanften Stimme zuhören, bewusst atmen und sich vertiefen – das sollte doch drin sein, oder? Doch abends staunte ich: Hatte ich wirklich einen ganzen Tag lang keine drei Minuten Ruhe gefunden? Ein bisschen machte mir das Sorgen. Ich überlegte, kann ich mir so weit vertrauen, dass ich meine eigenen Bedürfnisse richtig wahrnehme? Und werde ich es merken, wenn ich auf Dauer einen Tagesablauf hätte, der mir nicht guttut? Schlimmstenfalls werden mich meine Lieben daran erinnern, beruhigte ich mich. Wenn ich also die App nicht nutzte, dann lag das eher daran, dass es mir zu jener Zeit wohl nicht ganz so wichtig war. Heute nehme ich mir *zehn* Minuten Zeit für diese Meditation, das tut richtig gut, aber jeden Tag schaffe ich es immer noch nicht. In anderen Fällen musste ich allerdings mein Leben nachjustieren. Eines Tages fuhr ich vom Bioladen zum Kindergarten meiner Tochter und spürte auf einmal, dass mein Puls wahnsinnig schnell war. Kurz vor dem Auftritt zu einer Live-Moderation wäre so ein Herzrasen ja noch normal, aber in einer ganz normalen Alltagssituation? In einem Auto sitzend? Ich war richtig erschrocken. Denn wenn auf einmal unterschiedslos *alles* gleich anstrengend wird, ist es offensichtlich, dass die Seele im Ungleichgewicht ist und sich nicht mehr zurechtfindet. Dann wirft einen ein umgestoßenes Saftglas genauso aus der Bahn wie ein Autounfall. Ich musste also dringend etwas kürzertreten. Doch wie sollte das gehen? Von heute auf morgen Termine absagen, die seit Monaten feststehen und an denen viele andere Menschen mit dranhängen? Allein der Gedanke daran machte mir nur noch mehr Stress. Mein Mann hat mich zurück auf den Teppich geholt. Als Schweizer ist er ruhig und besonnen, zuverlässig federt er Belastungsspitzen ab. »Du musst nicht gleich alles hinschmeißen«, sagte er. »Jetzt gehst du das Schrittli für Schrittli an. Wir schaffen das schon.« Allein die Entscheidung, dass ich mich in Zukunft ein wenig zurücknehme, sorgte schon für Entlastung. Genau dazu sind Warnsignale ja da! Mein Körper hatte sich gemeldet: »Pass auf!«, und ich hatte darauf reagiert. Statt hektisch gegenzusteuern und so noch mehr Unruhe in mein Leben zu bringen, achtete ich darauf, dass ich meine Kräfte nicht mehr über lange Strecken bis zum Gehtnichtmehr ausreize. Kurzfristig gehe ich aber immer noch an meine Grenzen, denn in einer Schonhaltung durchs Leben zu gehen, das liegt mir einfach nicht. »Es ist alles eine Frage des Maßes«, heißt es ja so schön. Für mich ist das Maßhalten eine Herausforderung, die mich wohl ein Leben lang begleiten wird.

Wenn ich etwas mache, will ich auch 100 Prozent geben. Anders will ich es gar nicht haben. Denn nur mit Anstrengung und großem Einsatz entsteht Außergewöhnliches. »Von nix kommt nix«, witzelt mein Vater manchmal. Würde ich allerdings mit Hochdruck etwas tun, was gar nicht zu mir passt, würde ich mich schnell wundlaufen. Deshalb ist es ja so wichtig, einen passenden Platz im Leben zu finden. Ich denke da an einen guten Freund meiner Eltern. Er hatte ewig an seiner Doktorarbeit geschrieben und sich sehr damit herumgequält. Irgendwann kurz vor Ende kam ihm die Erkenntnis: »Diese Arbeit ist ja gar nicht *mein* Projekt! Ich mach das nur für die Anerkennung meiner Familie.« Er hat die Arbeit abgebrochen, obwohl er schon so viel Zeit und Kraft investiert hatte. Ich fand den Entschluss in seinem Fall sehr mutig und stimmig. Er ist danach richtig aufgeblüht und sehr erfolgreich seinen Weg gegangen, auch ohne Doktortitel.

Ist es nicht unglaublich spannend zu erfahren, wie andere Menschen an ihren jeweiligen Platz gekommen sind? Ich lese deshalb so gerne Biografien. Im Rückblick fügt sich immer alles so nahtlos, doch ganz so einfach ist es nicht. Oft genug war ich mitten in einer Weichenstellung einfach nur orientierungslos. Dann musste ich mich sehr genau fragen: Was will ich eigentlich? Was sind meine Eigenschaften? Ein bisschen ist es wie beim Kochen. Es gibt gewisse Zutaten, die vorhanden sind, und aus denen kann man dann etwas Schönes machen. Risotto ohne Reis geht leider nicht, andererseits wäre es schade, wenn viel frisches Gemüse da ist, keine Gemüsepfanne zu machen. Für die gibt es ja viele unterschiedliche Rezepte! Meine Zutaten sehen so aus: Ich bin gut darin, Menschen zu verbinden, Interesse zu wecken und Herzen zu öffnen. Ich bin relativ rastlos und ich will immer wieder Neues entdecken. Im Mittelpunkt zu stehen und gesehen zu werden macht mir keine Angst. Und »mit halber Kraft« kann ich nicht, ich will mich voll einsetzen dürfen. Das sind einige der Bausteine, zu denen ich ein passendes Leben finden musste.

Ich weiß, es ist ungewöhnlich, im letzten Kapitel eines Buches noch mal mit meinem Werdegang anzufangen, aber mein erster Plan war ja, Lehrerin zu werden. Der Beruf passt ziemlich gut zu meinen Anlagen und Vorstellungen, schon allein deswegen, weil ein Lehrer ganz viele wechselnde Gegenüber hat, mit denen er sich beschäftigen darf, und weil er begeistern kann. Ich hatte auch mal überlegt, ob ich Psychologie studieren soll. Auch hier wäre für mich viel Gutes dabei gewesen: neue Begegnungen, neue Settings, sich immer wieder neu auf Menschen einstellen und vertrauensvolle Situationen entstehen lassen, damit diese Menschen sich öffnen können und sich im Leben zurechtfinden.

Aber es ist für mich anders und besser gekommen. War das vorherbestimmt? Ich weiß es nicht. Dass alles reiner Zufall ist, glaube ich aber nicht. Ich hatte das Glück, am runden Esstisch in meinem Elternhaus mit vielen Menschen in Kontakt zu kommen, die was zu erzählen haben. Ihnen hörte ich zu und bekam über deren Lebensmodelle wertvolle Impulse für mich. Entscheidend für meine Berufswahl waren die vielen spannenden Geschichten eines befreundeten Redakteurs, der beim Westdeutschen Rundfunk arbeitete. Ich dachte: »*Das* interessiert mich!«, und schon war die Idee geboren, dass ich parallel zu meinem Lehramtsstudium ein Praktikum bei diesem Sender mache. Einige Zeit später hatte ich ein Vorstellungsgespräch beim WDR. Man erzählte mir von einer neuen Live-Jugendsendung, die in den Startlöchern stand: »Lollo Rosso«. Eine Handvoll junger Menschen, die als Außenreporter »im On« – also vor der Kamera – Beiträge liefern würden, war bereits gecastet worden. Ich durfte zunächst als Praktikantin mitarbeiten. Zu meiner Überraschung hieß es aber nach kurzer Zeit: »Tamina, wir glauben, du könntest das auch! *Vor* der Kamera stehen. Als Reporterin.« Und so wurde ich in das Reporter-Team aufgenommen. Meine Feuerprobe war ein kleiner Film zum Thema »Mädchen im Männersport«; Kameramann, Tonassistent und die tolle Autorin Birgit begleiteten mich. Berührungsängste mit den imponierenden jungen Frauen, die Fußball und Feldhockey spielten, oder als Boxerinnen und Kampfsportlerinnen ihre Kämpfe austrugen, hatte ich nicht. Doch zum ersten Mal vor der Kamera zu stehen, war für mich so, als würde mir der Boden unter meinen Füßen weggezogen. In meinem Kopf wirbelten Gedanken umher, die mir ganz fremd waren. »Wie sehe ich aus? Habe ich das Richtige an? Steht mein Mund gerade komisch schräg? Was denken die alle von mir?« Je mehr ich mich an Äußerlichkeiten aufhängte, desto befangener wurde ich und desto weniger konnte ich mich auf die Situation einlassen. Sobald der Kameramann sagte: »Und bitte ...!«, war ich megagestresst und verhaspelte mich immer wieder. Es war echt heftig! Trotzdem sah die erfahrene Autorin durch meine Aufregung hindurch ein gewisses Talent. Sie unterstützte mich und gab mir wertvolle Tipps. »Mach mal einen Spielzug mit!«, sagte sie zum Beispiel, als wir bei den Feldhockey-Spielerinnen drehten. Und wirklich verlor ich über das Mitmachen ein wenig die Scheu vor der Kamera und die Szene, in der ich mit dem Hockeyschläger in der Hand übers Feld renne, lockerte mich und den Beitrag auf. Aus dem Filmmaterial schnitt Birgit alle Unzulänglichkeiten, Ähhs und Ähmms raus, übrig blieb ein pfiffiger und authentischer Beitrag, der bei Zuschauern und Redaktion gut ankam. Wer weiß – wenn Birgit mich nicht unter ihre Fittiche genommen hätte, wäre ich heute vielleicht wirklich Lehrerin. Man braucht immer wieder Menschen, die einem eine Chance geben, die an einen glauben. Das ist am Anfang besonders wichtig und bleibt auch später entscheidend. Ich blieb bei Lollo Rosso und machte ungefähr einmal im Monat einen Reporterfilm, das brauchte jeweils ein bis zwei Drehtage. Ich konnte die Arbeit also sehr gut parallel zu meinem Studium schaffen. Mein Fazit aus dieser Zeit: Die Fernsehwelt ist schon mal nicht verkehrt für mich.

Nach »Lollo Rosso« kamen die Lifestyle-Sendungen »Gimmi Feif«, »Boulevard Europa« und »Mallorca live« für die ARD. Ich fing an, als Reporterin viel zu reisen, und merkte: Nicht nur vor der Kamera zu stehen, auch das Reisen, das »nah am Leben dran sein«, passt zu mir. Als Moderatorin fühlte ich mich sehr wohl, aber ich wollte mich noch nicht festlegen und lieber noch mehr von der Medienwelt kennenlernen. Für 1Live, einen Hörfunksender des Westdeutschen Rundfunks, machte ich zusammen mit Sven Voss, der heute das Sportstudio im ZDF moderiert, Hörfunkbeiträge. Wir zogen zusammen los, sammelten O-Töne, schnitten und vertonten das Material. Um jedes Geräusch, das auf unserer Tonspur war, machten wir uns Gedanken. Dann hieß es: 1Live will auch Fernsehen machen. So kam ich an die Möglichkeit, auch mal als Autorin Filmbeiträge zu machen. Im Lauf der Zeit konnte ich in alle Sparten hineinschnuppern. Ich schrieb Drehbücher, machte bei Realisation, Schnitt und Vertonung von Filmen mit. Es war eine sehr intensive Zeit – und alles lief immer noch parallel zum Studium. Noch heute profitiere ich von dieser »Grand Tour«: Ich weiß sehr gut, wie komplex jedes einzelne Gewerk ist.

Vor dem vielfältigen Hintergrund wurde mir immer klarer: Moderation liegt mir am meisten! Aber gerade dieser Teil des Medienbetriebs ist ein besonders hart umkämpfter Markt. Viele Menschen verbinden mit diesem Beruf jede Menge Glamour. Doch den Kern dieser Arbeit machen ganz andere Dinge aus: hoher persönlicher Einsatz, eine schnelle Auffassungsgabe, Durchhaltevermögen und Präsenz vor der Kamera. Diese Präsenz kann man nicht lernen, nur mit Medientraining noch ein bisschen ausbauen. Ich kann es gar nicht erklären, warum der eine im Fernsehen gut rüberkommt und ein anderer nicht. Wenn »die Kamera einen mag«, ist das mehr, als fotogen zu sein. Denn bei mehr als 24 Bildern die Sekunde ist die Person als Ganzes im Fokus. Es gibt allerdings eine Grundvoraussetzung für Präsenz: Nur, wenn der Mensch vor der Kamera in seinem Element ist und sich wohlfühlt, mag der Zuschauer ihm folgen. Aber das allein reicht nicht. Das geheimnisvolle Etwas, was noch dazukommen muss, war es wohl, was die Redaktion von »Lollo Rosso« damals bei mir gesehen hatte. Ich selbst hatte gar nicht gewusst, dass das in mir steckt.

Auch die anderen aus der »Lollo-Rosso«-Truppe fanden ihren Weg. Einer von uns war der blutjunge Bastian Pastewka. Für einen seiner ersten Beiträge sollte er einen Sadomaso-Club porträtieren. Als wir das Ergebnis der Dreharbeiten anschauten – Bastian irritiert und etwas verloren zwischen Gitterstäben und merkwürdigsten Utensilien –, war es einfach nur brüllend komisch. Er hat gar nicht viel gemacht, es sah alles so leicht und zufällig aus, aber der Effekt war durchschlagend: Wir lagen auf dem Boden vor Lachen. Bastian hatte gleich klargemacht, wo seine Stärken liegen.

Von einem kleinen Umweg auf meiner Selbstfindung hatte ich schon erzählt: Für ProSieben und »Die Reporter« stand ich zwar vor der Kamera, doch was die Themen anging, war ich noch nicht angekommen. Heute dagegen passt für mich alles: die Thematik und auch meine Rolle. Dass überall in der Fernsehlandschaft der Trend dahin geht, dass die Moderatoren immer weniger eine Projektionsfläche sein sollen, sondern authentisch erleben, Persönlichkeit zeigen und ein Typ sein dürfen, das kommt mir sehr entgegen.

Ich sitze auf dem Bänkchen vor unserem Haus und denke daran, wie sich für mich beruflich alles gefügt hat. Ich war immer in Bewegung, habe mich nicht gescheut, mich wieder und wieder aufzuraffen und zu schauen, ob ich noch ein Stückchen näher ans Ideal drankomme. So näherte ich mich immer mehr meinem heutigen Berufsfeld an, das für mich wie geschaffen ist.

Beruflich hat sich also alles wunderbar gefunden. Und die Familie? Dass ich irgendwann mal Kinder haben wollte, stand für mich immer fest. Ich hatte ja eine sehr glückliche Kindheit gehabt und einen engen, liebevollen Bezug zur Familie. Doch bevor es an die Gründung einer Familie gehen sollte, wollte ich mich erst mal selber finden, beruflich beweisen und bewähren. Das waren alles eher rationale Überlegungen. Wie ein zweiter Faden, der mitgestrickt wird, lief der Gedanke an Kinder parallel in meinem Leben mit. Doch Berührungspunkte gab es nicht. Auch als ich meinen späteren Mann Nik kennengelernt hatte, waren Kinder erst mal kein Thema. Wir waren beide mit großer Leidenschaft in unseren Berufen unterwegs, gönnten dem jeweils anderen von Herzen seinen Erfolg, konnten uns über alles austauschen, teilten eine tolle Wohnung in Berlin und eine unbändige Reiselust. Dass wir beide auch schon harte Zeiten durchgestanden hatten, in denen es für uns beruflich nicht so gut gelaufen war, hatte uns nur noch stärker miteinander verbunden.

Ich habe noch genau die Situation vor Augen, in der das Thema Kinder für mich schlagartig Bedeutung bekam. Nik und ich waren im Urlaub in Portugal, lagen gerade am Pool einer Posada. Alles war perfekt, es fehlte uns an nichts.

Und plötzlich war da ein Gefühl wie ein wehmütiges Loch. »Das kann's doch noch nicht gewesen sein! Was ist denn der Sinn von all dem hier?« Das war keine Torschlusspanik, sondern auf einmal ein tiefes Einverstanden-Sein: »Genau jetzt ist es Zeit für ein Kind.« Von einem Moment auf den anderen war für mich aus dem rationalen »Irgendwann mal« ein emotionales »Jetzt« geworden. Die Frage war, ob Nik denn auch eine Familie gründen wollte. Ich wusste, für ihn war das Thema Kinder nicht zwingend. Ich erzählte Nik von meinen Gedanken, er konnte darauf nicht sofort eine Antwort geben. Ein paar Tage später war es Zeit für unsere Rückreise. Wir standen in einem kleinen Geschäft an einer Landstraße und kauften für die Daheimgebliebenen kleine Mitbringsel ein. Ich stand schon an der Kasse, da beugte sich Nik über mich und legte etwas zu meinen Sachen auf die Ladentheke: winzig kleine Babyschuhe.

Von allen Sendungen, die ich bisher gemacht habe, hat mich eine emotional ganz besonders berührt: der erste Teil der Alpenüberquerung »Komm, wir wandern über die Alpen« von Oberstdorf nach Meran. Vielleicht liegt das daran, dass sie für mich wie eine Lebensreise im Kleinen war. Es war alles mit dabei: herrliche Eindrücke, große Anstrengungen, zueinander finden, miteinander durchhalten, lachen und die gesteckten Ziele erreichen, Überraschungen am Wegesrand, Momente der Erschöpfung und jeden Tag aufs Neue die Lust am Aufbruch. Um zu zeigen, dass die achttägige Wanderung etwas für alle Altersklassen sein kann, hatte der Autor Michael eine ganz besondere Gruppe zusammengestellt: Da waren die beiden Elternpaare Ulla und Philipp sowie Karin und Dirk, die vier

Kinder Tine, Wim, Karlo und Joshua im Alter von neun bis zwölf Jahren und dann noch Age und Charly, beide um die siebzig. Dazu kamen Kameramann Jürgen und Tontechnikerin Jessica, Wanderführerin Moni brachte uns sicher über die Berge und Rita achtete darauf, dass niemand zurückblieb. Der kleine Hund Franzi komplettierte unsere sechzehnköpfige »Großfamilie«. Dreimal würden wir auf einer Berghütte Station machen, mit Hüttenschlafsack und allem Drum und Dran, und dazwischen etwas komfortabler in Landgasthäusern übernachten. Das Motto unserer Reise: in acht Tagen durch sechs Täler und drei Länder. Was für ein Abenteuer! Die Familien kannten sich untereinander schon, doch erst das gemeinsame Erleiden der Anstrengungen und das Bewältigen der Tagesetappen schweißte uns in den kommenden Tagen zu einer echten Wandergruppe zusammen. Was unsere Kondition anging, war sich anfangs keiner von uns sicher, wie er sich halten würde. Jeder hatte da so seine Zweifel. Kameramann Jürgen hatte extra trainiert, mit seiner Kameraausrüstung hatte er besonders viel zu schleppen. Tonassistentin Jessica hatte ihr Equipment aufs Allernötigste reduziert; sie wusste ja, dass sie für jedes Gramm leiden würde. Ich ging die Sache ganz zuversichtlich an, auch wenn ich noch nie so richtig gewandert war – sogenanntes Genusswandern zählt ja nicht. Aber natürlich fürchtete auch ich die Blamage, wenn ich schlappmachen würde. Für mich war diese Reise auch in anderer Hinsicht eine Premiere: Ich hatte keine Sonderstellung als Moderatorin, sondern konnte das Abenteuer ganz authentisch miterleben. Es gab kein Drehbuch, nichts war festgezurrt. Nur der Weg über die Alpen war vorgegeben.

Ich hatte mir daheim die Karten angeschaut, auf denen unsere Route eingezeichnet war. Auf ihnen war sehr gut zu erkennen, dass es bergauf und bergab gehen würde. Trotzdem hatte ich ein ganz anderes Bild im Kopf: Wir laufen vom Allgäu aus immer bergauf und dann irgendwann geht es bergab bis nach Südtirol. Natürlich war es ganz anders: Acht Tage auf und ab, jeder Morgen verhieß neue Abenteuer und Herausforderungen. Wir hatten Glück, die ganze Zeit herrschte unfassbar schönes Sommerwetter, sodass wir mit Freuden in die Gumpen mit eiskaltem Gebirgswasser und in Schneefelder hineinsprangen. Wir bezwangen fiese Steigungen, kraxelten schweißüberströmt über Jochs ins jeweils nächste Tal, genossen zwischendurch genüsslich-sanfte Wegstrecken durch saftige Almwiesen und bestanden Abenteuer wie den Angriff von Erdwespen, deren Stiche Rita gleich mit frischem Johanniskraut von der Wiese behandelte. Wir alle kamen physisch an unsere Grenzen. – »Da müssen wir durch«, sagte Charly, »sonst kommen wir nicht zum Ziel!« Gleichzeitig konnten wir unsere Gedanken fliegen lassen und uns neu sortieren. Die Kamera war bald vergessen, ob morgens verquollen, in der Mittagshitze schwitzend oder abends mit mentalem Durchhänger – all das gehörte einfach dazu. Und mit 800 Höhenmetern in den Waden schmeckten ein Kaiserschmarrn und ein zünftiges Radler auf der mühsam erreichten Berghütte zehntausendmal besser als in Riemchensandalen im Restaurant mit großem Parkplatz vor der Tür.

Endlich waren wir nach acht erlebnisreichen Tagen an unserer letzten Station angekommen. Von der Terrasse der Mahd-Alm aus war unten im Tal schon das frühsommerliche Meran zu sehen. Dorthin würden wir gleich mit der Seilbahn runterfahren. Aber noch genossen wir die großartige Aussicht von hier oben, saßen entspannt in Liegestühlen und ließen die vergangenen Tage noch einmal vor dem inneren Auge Revue passieren. Wir waren überglücklich und stolz, dass wir alle durchgehalten hatten, aber auch ein wenig traurig, dass unsere Reise nun zu Ende ging. Als ich zum Abschluss die Runde noch einmal befragte, wie sie die letzten acht Tage empfunden hatte, wurde deutlich, dass diese letzte Rast für jeden von uns ein hochemotionaler Moment war. Wir hatten alle Mühsale gemeinsam durchgestanden und uns selbst ganz neu kennengelernt. Die körperliche Anstrengung der letzten Tage und die vielen Eindrücke, die noch gar nicht verarbeitet waren, trugen zur seelischen Ausnahmesituation bei. Eigentlich hätten wir noch ein bisschen länger dort oben auf den Sonnenbänken bleiben sollen, bevor wir wieder ins normale Leben abtauchten. So mancher rang mühsam um Fassung, als er um ein Statement gebeten wurde.

Und dann sagt Autor Michael zu mir: »So, Tamina, jetzt bist du dran.« Jürgen stellt sich mit seiner Kamera in Position und ich denke nur: »Jetzt bloß Haltung bewahren!« Ich komme nur ein paar Sätze weit. Die Wucht der Eindrücke überrollt mich und auch der Gedanke daran, wie gerne ich meine Familie mit dabeigehabt hätte, um mit ihnen das Erlebte zu teilen. Ich muss abbrechen, schlage die Hände vors Gesicht und laufe schnell aus dem Bild. Jürgen macht verwundert seine Kamera aus. Ich brauche ein paar Minuten, um mich wieder zu fangen und die Tränen aus dem Gesicht zu wischen. Dann stelle ich mich wieder vor die Kamera und moderiere zu Ende. Später überlegen wir lange, ob wir diesen Moment herausschneiden sollen. Ich war über meinen Gefühlsausbruch erschrocken, aber peinlich war er mir nicht. Wir ließen die Szene drin. Es war eine gute Entscheidung. Selten habe ich auf eine Sendung so viele empathische Rückmeldungen bekommen. Und nie zuvor war die Übereinstimmung zwischen Beruf und »Tamina sein dürfen« so vollkommen.

Ich habe dieses Kapitel »Heimkommen« genannt. Damit meine ich nicht nur das Nach-Hause-Kommen nach langen Arbeitstagen oder weiten Reisen. Sondern ich meine auch das Ziel, im eigenen Leben heimisch zu werden. Es bedeutet, sich selbst kennenzulernen und zu erforschen: Was kann ich? Was liegt mir? Was habe ich zu geben? Wie stelle ich mir mein Leben vor? Und sich dann aufzumachen auf die Reise zu sich selbst. Vor zwei Tagen bin ich von den Dreharbeiten in Lissabon zurückgekommen. Das Wetter in Portugal war sonnig und nicht zu heiß – perfekt für eine Städtetour. Und wieder einmal war es eine Begegnung, die mich besonders beeindruckt hat: Kiko ist der zweitbeste Koch Lissabons. Was, nur zweitbester? Ja, genau. Und Kiko ist absolut zufrieden damit. Er will bei dem Zirkus um die Michelin-Sterne nicht mitmachen. Seine Küche gestaltet er individuell und kreativ, ohne sich fragen zu müssen, wie es die Juroren wohl gerne hätten. Ich fragte ihn: »Was ist für dich das Wichtigste im Leben?« Seine Antwort kam prompt: »Das Teilen.« In seinem Fall heißt das: zusammen mit anderen Menschen essen. So wie bei jedem anderen Teilen kommt auch hier die Verdopplung des Glücks heraus. Als er seine Frau kennengelernt hatte, machten sie zusammen eine große Reise. Sie fuhren nicht von Hotel zu Hotel, sondern von Gastfamilie zu Gastfamilie, rund um die Welt. Und immer saßen sie mit am Tisch und genossen die gemeinsamen Mahlzeiten. So wurde jeder Besuch zu einem hoch intensiven Erlebnis mit bleibenden Erinnerungen – Kiko weiß noch genau, wie die gefüllten Teigtaschen in Kambodscha geschmeckt haben. Genau solche Erlebnisse vermittelt er nun in seinen Restaurants seinen Gästen weiter. Das macht für ihn mehr Sinn, als nach einem Michelin-Stern zu jagen. Mein Eindruck: Er ist bei sich angekommen.

Dieses Zu-sich-selbst-Finden ist die große Aufgabe im Leben. Man hat ja nur den einen Versuch! So wie bei Kiko begann auch bei mir die Reise zu mir selbst damit, dass ich fortging: Mit Lebenslust und Leichtigkeit flog ich nach dem Abi nach Indien. Abseits des Alltags ließ ich viele neue Eindrücke auf mich wirken. Wenn ich damals Hermann Hesse las – »Die Tiefe ist im Klaren und Heiteren« –, dann erfüllte mich das. Doch bis in meinem Leben wirklich Klarheit und Unbeschwertheit herrschten, hat es ganz schön lange gedauert. Und noch immer ist das keine Selbstverständlichkeit. Zum Glück bin ich von meinem Naturell her nicht in einem mauligen Kritikmodus unterwegs. Ich finde, das ist schon mal die halbe Miete. Manche Menschen regen sich ja immer über irgendetwas auf und stürzen sich in negative Gefühlslagen hinein, in denen sich alles aufaddiert, was schwierig und doof ist. Ich bin Menschen begegnet, die an die Nordsee auf einsame Inseln gereist sind, um sich zu entspannen, und gleich nach zwei Tagen wieder abreisten, weil ihnen die Möwen zu laut und das Meer zu unruhig waren. Die Haltung, die man zu Hause an den Tag legt, ändert sich zwar nicht gleich, sobald man unterwegs ist. Aber nirgendwo anders ist die Gelegenheit, seinen Blickwinkel dem Leben gegenüber zu überdenken, so günstig wie auf Reisen.

Die Missmut-Klippe musste ich also erst gar nicht umschiffen; meine Offenheit sorgt dafür, dass ich meist luftig und leicht unterwegs sein kann. Dafür hatte ich anderen Ballast zu schleppen. Streckenweise war ich zu sehr auf Sicherheit fixiert. Vor allem aber meinte ich, dem Bild gerecht werden zu müssen, das andere von mir hatten. Erst nach langer Zeit habe ich angefangen, diese schweren Brocken aus meinem Lebensrucksack rauszuschmeißen, und finde so Schritt für Schritt zur Unbeschwertheit des Anfangs zurück. Genau dies bedeutet für mich »kleines Gepäck«. Ohne den Ballast der vorgefertigten Erwartungen komme ich immer näher an den Ort heran, an dem sich meine Talente am besten entfalten und wirken können. Heute muss ich keine Angst mehr haben, ob das, was ich mache, auch gut ankommt. – »Kann ich das jetzt so sagen? Darf ich das? Muss ich nicht doch ein bisschen mehr Action bieten?« Mein Leben passt zu mir und ich passe zu meinem Leben. Und deshalb ist es gut so, wie es ist. Ich bin dankbar, dass ich heute das tun darf, was mir entspricht, und dass mich eine wunderbare Familie auf diesem Weg begleitet. Was für ein großes Glück!

Ich finde, man hat immer die Wahl, was man sich in seinen Rucksack packt. Zuversicht oder das Verharren in Problemen? Den Blick auf das Positive richten oder auf das Haar in der Suppe? Alles eine Frage der Haltung. Hermann Hesse ist für mich auch heute noch ein wichtiger Begleiter, »Das Glück ist ein *Wie* und kein *Was*«, hat er einmal geschrieben.

Was aber ist in meinem Rucksack drin? Ist er etwa leer? Lebensfreude und Reiselust sind dadrin, sie begleiten mich, genauso wie mein Vertrauen in die Menschen und ins Leben. Und dann sind da noch die kleinen Dinge zum Anfassen, die ich gesammelt habe und die ich manchmal hervorhole, um sie zu betrachten: Da ist das perlenbestickte Püppchen der Medizinfrau aus dem Slum in Südafrika. Das Stückchen Meisterwurz-Wurzel, das mir der Appenzeller Ziegenbauer schenkte. Die von Emmy Jansen aus Pellworm besprochene CD, die mich daran erinnert, dass Herzensfröhlichkeit es möglich macht, auch mit schlechten Karten in der Hand das Spiel zu gewinnen. Das gemalte Bild des neunjährigen Mädchens, auf dem ich über die Alpen laufe, und sein Brief, in dem es fragt, ob ich glaube, dass auch sie es schaffen könnte – für mich ein Ausdruck der Zuneigung und des Vertrauens meiner Zuschauer.

Angekommen sein heißt nicht, dass ich stehen bleibe. Das wäre so ziemlich das Letzte, was ich will. Es würde auch gar nicht gehen. Denn nichts ist in Stein gemeißelt, alles ist im Fluss, verändert sich. Ich habe keine Ahnung, was in zehn Jahren ist, und auch keinen Plan B. Die Leichtigkeit soll bleiben, ich möchte gerne wach und flexibel und leidenschaftlich sein dürfen – mit kleinem Gepäck sollte ich das schaffen. Der Rest wird sich fügen. In meinem federleichten Rucksack, der mich durchs Leben begleitet, ist noch viel Platz. Ich bin gespannt darauf, welche kleinen Kostbarkeiten ich in Zukunft noch dazupacken darf.

DANKSAGUNG

Juchuuuu! Es ist da – mein erstes Buch! Danke, liebes Buch, denn es ist wie ein Geschenk gewesen, einmal das Wesentliche festzuhalten – gerade wenn im Leben ein Ereignis das nächste jagt und kaum Luft bleibt, das Erlebte zu verarbeiten. Vieles ist mir auf neue Weise klar geworden, manches hat mich selbst überrascht. Dieses Buch zu schreiben war auch eine Reise zu mir selbst.

Zugegeben, ich war doch erstaunt, wie viel Text zwischen zwei Buchdeckel passt! Und hätte ich nicht wunderbare Menschen um mich, die mich stützen und begleiten, würde ich wohl jetzt noch vor einem leeren Blatt Papier sitzen ...

Immer an meiner Seite in all den Tagen, Wochen und Monaten des Ringens um passende Geschichten, treffende Formulierungen und zuversichtliche Einsichten war mein Mann Nik. Danke, mein Schatz! Ohne Deine liebevolle Unterstützung und Deinen leidenschaftlichen Optimismus gäbe es dieses Buch nicht.

Ein dreifaches Hoch auch auf meine Reisebegleiterin Bettina Burchardt. Liebe Bettina, Deine klugen Fragen, Deine Präzision, Deine Leidenschaft und Dein tiefes Verständnis haben den Text erst zu dem gemacht, was er jetzt ist. Unsere stundenlangen Gespräche waren immer eine Bereicherung für mich und ich werde sie sehr vermissen.

Ein großes Dankeschön natürlich an Sigrid Fortkord vom Gütersloher Verlagshaus, die diesem Buch maßgeblich auf die Welt geholfen hat: »Nichts ist stärker als eine Idee, deren Zeit gekommen ist.« Liebe Frau Fortkord, Ihr Weitblick, Ihre Professionalität und Ihre Herzenswärme waren und sind mir ein großes Vergnügen!

Danke, meine liebsten beiden Kinder, dass ihr die Mami immer wieder mal habt arbeiten lassen, und Dankeschön, liebe Großmami, dass Du mit Deinem unerschütterlichen Einsatz das alles möglich gemacht hast.

Auch der WDR, meine lieben Kollegen und Freunde, die begeisterten Zuschauer, all die faszinierenden Menschen, denen ich schon begegnet bin, haben dazu beigetragen, dass dieses Buch vom Leben und Reisen nun da ist und hoffentlich ganz viel Freude macht!

Bibliografische Information der Deutschen Nationalbibliothek
Die Deutsche Nationalbibliothek verzeichnet diese Publikation in der Deutschen Nationalbibliografie; detaillierte bibliografische Daten sind im Internet über https://portal.dnb.de abrufbar.

Klimaneutral
Druckprodukt
climate-id.com/12559-1708-1001

FSC
www.fsc.org
MIX
Papier aus verantwortungsvollen Quellen
FSC® C014496

Verlagsgruppe Random House FSC® N001967

1. Auflage

Konzept- und Textberatung: Bettina Burchardt
Umschlagmotive: Tamina Kallert © Linda Meiers Fotografie, Rucksack © tamiris6 – Fotolia.com
Druck und Bindung: GGP Media GmbH, Pößneck
Printed in Germany
ISBN 978-3-579-08720-7

www.gtvh.de